Ados, amour et sexualité

Des mêmes auteurs

chez Albin Michel

Sexe et sentiments après 40 ans, 2011
Sexe et sentiments, version homme, 2009
Sexe et sentiments, version femme, 2009
Ados, amour et sexualité, version garçon, 2001

de Sylvain Mimoun

Ce que les femmes préfèrent... Première enquête sur le désir sexuel féminin, Albin Michel, 2008

Petit Larousse de la sexualité (sous la dir. de), Larousse, 2007

La Dysfonction érectile (avec Marc Zerbib), Éditions LP, 2007

Des maux pour le dire, J'ai lu, 2003

La Sexualité masculine (avec Lucien Chaby), Flammarion, 2000

L'Univers masculin (avec Élisabeth Chaussin), Le Seuil, 1999

Traité de gynécologie psychosomatique, Flammarion, 1999

La Consultation psychosomatique, Les Empêcheurs de penser en rond, 1999

de Rica Étienne

Le Bureau des chagrins d'amour (roman), Éditions Prisma, 2011

6-12 ans, l'âge incertain (avec Harry Ifergan), Hachette Littératures, 2000

Mais qu'est-ce qu'il a dans la tête ? (avec Harry Ifergan), Hachette Littératures, 1999

Dr Sylvain Mimoun et Rica Étienne

Ados, amour et sexualité

Illustrations : Philippe Tastet

Albin Michel

Sommaire

Sommaire

Introduction

Ce guide s'adresse aux filles et aux garçons de 12 à 18 ans : il s'ouvre sur le chambardement de la puberté, une étape aux ramifications impressionnantes, et court jusqu'à l'âge de jeune adulte. Tout évolue et se transforme, en surface et en profondeur, sur le plan physique et le plan mental. La relation avec les autres s'en trouve modifiée, sans que l'on comprenne vraiment pourquoi. Les parents deviennent envahissants – voire prise de tête –, les copains indispensables, les amoureux potentiels attirants comme des aimants. Certains garçons se découvrent une âme de chasseur et ne pensent plus qu'à *ça*. Et les filles ne sont pas en reste ! Elles peuvent traverser toute la cour de récréation, se planter devant vous et vous demander, yeux dans les yeux, si vous voulez sortir avec elles. Elles sont courageuses, les filles.

Une véritable métamorphose physique, physiologique et psychologique se produit. Cette nouvelle naissance s'accompagne d'une quantité de questions sur le fonctionnement intime de chacun, côté fille et côté garçon, sur les mystères de l'anatomie ou de la mécanique sexuelle, chaque interrogation en amenant une autre, comme pour les poupées russes.

Une question n'est jamais idiote ni taboue. C'est seulement la réponse qui peut l'être. C'est pourquoi, avec des mots clairs, francs et sans fausse pudeur, nous avons essayé d'y répondre, de donner l'information la plus utile et la plus concrète possible, en nous appuyant sur ce qui vous intéresse, vous, et sur les connaissances actuelles, notamment dans le domaine de la sexualité, de la contraception ou des infections sexuellement transmissibles. Régulièrement, au cours de consultations ou de colloques où les adolescents sont invités à s'exprimer par écrit ou par oral, les mêmes questions reviennent. Vous les retrouverez tout au long des chapitres suivants.

Au premier plan, les interrogations en relation avec les nouveaux modes de vie ou les technologies récentes : régimes et obsession du poids (y compris pour les garçons), abaissement constaté de l'âge de la puberté et ses conséquences sur l'irruption du désir, phénomène des lolitas, Internet et amour (déshabillage à distance, sexe sur le Web et conséquences sur la sexualité), alcool, soirées *no limit*... Nous abordons aussi les questions de virginité, d'âge légal pour faire l'amour, ou le problème des violences sexuelles, malheureusement en nette progression à cause de l'alcoolisation croissante.

Tout ça pourquoi ?

Il s'agit de posséder certaines clés pour intégrer intimement sa nouvelle condition d'ado, prendre acte de ses transformations, ce qui, au fond, revient à assumer pleinement son passage à l'âge adulte en ne perdant rien de sa spontanéité et de sa fraîcheur.

Notre objectif n'est donc pas de vous faire la morale ni de vous faire peur, encore moins de jouer les donneurs de leçon, sur l'air de : « Surtout, n'oublie pas ta pilule ou ton préservatif, mon petit ! » L'amour et la sexualité sont une promesse de bonheur, à vivre sereinement et pleinement. Sans complexes ni comptes à rendre.

Les filles et les garçons vivent-ils la même chose ?

Non, c'est l'évidence ! De chaque côté, l'amour et la sexualité sont vécus différemment. Il existe bien des différences de genre mais pas toujours dans les domaines que l'on imagine. Savez-vous que les principales qualités recherchées par une fille chez un garçon sont la gentillesse et la confiance, très loin devant le physique, l'intelligence ou le look ? Et que beaucoup de garçons ont besoin d'être amoureux pour se lancer dans une histoire ? Ils ne sautent pas forcément sur la première venue... Ces clés pour comprendre l'autre sexe ont pour but de faciliter la rencontre à deux et d'harmoniser la relation.

Comment lire ce livre ?

Comme on veut, où l'on veut, dans n'importe quel ordre, selon son humeur et les questions du moment. On peut zapper : il suffit pour cela de consulter la table des matières, très détaillée, en fin d'ouvrage. Certains passages plus techniques peuvent être sautés. Il ne s'agit pas d'un manuel de sciences naturelles, encore moins d'un cours d'anatomie mais d'un manuel pratique avec, comme tout guide qui se respecte, des bons plans et des bonnes adresses : consultations gratuites, centres de dépistage du sida anonymes et gratuits, lieux d'écoute en cas de problème, sites spécialisés dans la contraception ou la santé des jeunes, etc.

N'hésitez pas à piocher dans le dico en fin de livre quand un mot vous paraît mystérieux.

Enfin, pour celles et ceux qui voudraient en savoir plus après 18 ans, les versions adultes existent : *Sexe et sentiments, version femme* et *version homme* (chez le même éditeur). Car les adultes aussi peuvent être confrontés à des difficultés inattendues. L'amour n'est pas aussi évident qu'il en a l'air, même s'il est naturel. La tête s'en mêle... mais c'est une autre histoire !

Rica Étienne et Sylvain Mimoun

1.

Ma tête et mon corps changent

Puberté, le saut vers l'inconnu

Avant la puberté, on est un enfant ; après, on devient un adulte. Entre-temps, plusieurs longues années vont passer.

Puberté et adolescence n'ont pas la même signification. La puberté est un peu la porte d'entrée physique vers l'âge adulte. L'adolescence, elle, est une période de transition à la fois physique et psychique.

Chez les filles, les seins pointent à partir de 10 ans et les règles apparaissent vers 12 ans et demi. L'évolution se fera sur plusieurs années, selon le rythme de chacune.

Chez les garçons, ça commence vers 12 ou 13 ans et ça s'achève vers 18 ans, âge du droit de vote.

Comme les filles démarrent leur puberté plusieurs années avant les garçons, elles considèrent à juste titre qu'elles sont plus mûres et préfèrent souvent sortir avec des garçons un peu plus âgés qu'elles.

Sur le plan physique, cette étape correspond à un immense chamboulement hormonal. Les hormones libérées dans l'organisme cheminent dans le sang, provoquent une cascade de changements physiques qui entraînent à leur tour des changements psychologiques et des modifications de l'humeur.

L'achèvement de la puberté ne signifie pas pour autant que l'adolescence soit finie. Cette dernière a des limites bien floues. Est-ce le fait de quitter la maison de ses parents qui marque sa véritable fin ? de vivre en couple ? d'avoir un métier et de gagner sa vie ? L'adolescence est une notion davantage culturelle et sociale que biologique. Chez certains, elle se poursuit au-delà de 25 ans...

L'étincelle biologique se déclenche au niveau du cerveau : pourquoi ? comment ?

Tout se passe dans la partie la plus primitive du cerveau, appelée hypothalamus ou cerveau des émotions. Si vous préférez glisser sur les détails trop techniques, passez directement aux paragraphes suivants. Sinon, lisez ce qui suit, ce n'est pas si compliqué. C'est donc le cerveau des émotions qui prend les commandes du corps pour sortir la zone sexuelle de son long sommeil. L'hypothalamus lance l'ordre d'envoyer massivement des hormones, autrement dit des messagers chimiques, actifs à distance sur des organes cibles. Ces hormones agissent à leur tour sur l'hypophyse, une autre petite glande, toute proche, située à la base du cerveau, juste au-dessus du nez. Cette dernière est un véritable chef d'orchestre, puisqu'elle stimule, grâce à ses propres hormones, de nombreuses autres glandes comme la thyroïde dans le cou, les surrénales juste au-dessus des reins et les glandes génitales, ovaires du côté féminin, testicules du côté masculin.

▸ Côté fille

Les ovaires, ayant reçu les ordres d'« en haut », fabriquent des hormones sexuelles féminines : les œstrogènes et la progestérone. Sous l'imprégnation des œstrogènes, le corps entier va réagir, car des petits récepteurs à cette hormone sont répartis un peu partout : sur le sexe féminin, bien sûr, qui va se modifier, mais aussi sur les os, sur les seins, sur la peau (y compris au niveau des zones de sudation et de pilosité) et sur le cerveau, désormais « sexualisé » en profondeur. Les hormones sexuelles assurent alors l'ovulation et le bon développement du cycle, avec pour finalité la fécondation et le développement de l'embryon. La seconde hormone, la progestérone, est plutôt relaxante, avec un effet détendant sur les muscles, elle favorise aussi le sommeil ; cette hormone est surtout là pour tempérer les effets des œstrogènes.

Les filles fabriquent aussi au niveau de leurs ovaires des hormones mâles en toute petite quantité. Ces hormones participent à la transformation de la vulve, à la pilosité et au désir sexuel (appelé libido).

▸ Côté garçon

Les testicules ayant reçu les ordres du cerveau fabriquent des hormones sexuelles masculines : les androgènes, parmi lesquels la testostérone. S'il n'y a qu'un seul nom à retenir, c'est celui de testostérone, principale hormone mâle. Le corps entier imprégné de cette substance va s'éveiller et se modifier, car ici encore de petits récepteurs à la testostérone sont éparpillés un peu partout : sur les organes génitaux, les os, les muscles, la peau, les cordes vocales, le cerveau...

La testostérone n'est pourtant pas une inconnue pour l'organisme. Elle a connu ses heures de gloire : c'est elle qui a permis aux glandes génitales, au départ bisexuées, de devenir franchement masculines. Ainsi, c'est au troisième mois de sa vie de fœtus que l'on devient garçon plutôt que fille et que l'on développe un pénis plutôt qu'un clitoris. La présence de testostérone est un caractère sexuel primaire. Après la différenciation sexuelle, cette hormone retrouvera des taux minimes jusqu'à l'âge de 8 ou 10 ans, au point que filles et garçons en fabriqueront autant. À la puberté, branle-bas de combat et nouveau pic hormonal. Les caractères sexuels secondaires se mettent en place : les poils poussent, la voix mue, les muscles se développent, etc. Les biologistes se sont amusés à quantifier la testostérone fabriquée chaque jour par les testicules : six milligrammes seulement ; et pourtant, toute la sexualité à venir va en dépendre...

En bref

Dans le cerveau, l'hypothalamus lance un ordre au chef d'orchestre, l'hypophyse, qui lance des ordres à une armada d'autres glandes qui, elles-mêmes, se mettent à envoyer tous azimuts des messages chimiques. C'est comme cela que la machine s'emballe et qu'un enfant se transforme en quelques années en adolescent, parfois mal dans sa peau parce que, justement, ce n'est plus la sienne et qu'il lui faut du temps pour l'habiter et s'y habituer.

Chronologie du changement

La puberté a-t-elle déjà commencé ? Est-elle bien finie ? Chaque ado se pose la question un jour ou l'autre. Les modifications physiologiques et biologiques suivent un ordre bien établi pour tous. Cela ne signifie pas pour autant que toutes les filles débuteront leur puberté à 10 ans, les garçons à 12 ou 13 ans et qu'à 18 ans elle sera achevée pour tout le monde. Non, ce qui est précis, c'est l'ordre relatif des événements, autrement dit leur enchaînement : les seins puis les poils qui apparaissent chez les filles, le pénis qui se développe puis la voix qui mue pour les garçons, mais sûrement pas l'inverse.

Chacun peut vivre ces transformations à son rythme, avec des périodes où les acquisitions semblent s'accélérer, d'autres où elles semblent ralentir, sans que cela soit inquiétant.

Nouveau corps, nouvelle hygiène

À la puberté, la transpiration augmente et devient odorante sous l'action des hormones. Plus que jamais, une douche quotidienne s'impose ! On peut mettre un déodorant sous les bras qui masque les odeurs voire un antitranspirant qui limite la transpiration. La peau et les cheveux se transforment jusqu'à la fin de l'adolescence : ils sont plus gras.

Question hygiène intime, les filles doivent se nettoyer à l'aide de produits adaptés (plus doux que le savon ou le gel douche, trop décapants). Elles doivent veiller à ne pas se laver à l'intérieur ; le vagin est « autonettoyant ». Aux toilettes, il leur faut toujours s'essuyer de l'avant vers l'arrière pour ne pas ramener les germes sur la vulve et risquer une infection.

Chez les garçons, certains gestes s'avèrent tout aussi indispensables. Les non-circoncis doivent se laver tous les jours juste sous le prépuce (la peau qui recouvre le gland) afin d'éliminer le smegma. Le rôle de cette sécrétion laiteuse, renouvelée en permanence, est de faciliter le coulissage de la peau et d'éviter les échauffements. En augmentant, le smegma se met à sentir. En l'absence d'hygiène régulière, les odeurs désagréables s'installent, cette zone s'irrite ; les germes peuvent se multiplier et entraîner des infections ou des mycoses (voir chapitre 10, p. 232). Les circoncis n'ont pas de smegma. Toutefois, comme tout le monde, ils transpirent dans l'entrejambe et dans la zone qui entoure les bourses. Les glandes sudoripares y sont très nombreuses au niveau des poils, qui se comportent comme de véritables pièges à odeurs. Conclusion : point de salut en dehors de l'eau et du savon.

▶Côté fille

Le développement des **seins** est le premier signal du commencement de la puberté, en moyenne à partir de 10 ans et demi ou 11 ans. Comme tous les autres mammifères, les femmes ont des mamelles (appelées seins) pour nourrir leurs petits. En dehors de la grossesse, à chaque cycle, et tout au long de la vie, les seins vont connaître des variations, intimement liées aux sécrétions hormonales, ce qui n'est pas le cas du ventre, par exemple, ou des fesses.

Les œstrogènes, libérés par les ovaires en quantité variable au cours du cycle, font gonfler les cellules des seins (on les appelle les cellules mammaires). La progestérone, elle, rééquilibre les effets des œstrogènes. Avant les règles, les seins sont tendus, voire douloureux. Après les règles, ils redeviennent normaux.

Sur un plan anatomique, les seins sont constitués de deux parties : la glande mammaire (entourée de tissu fibreux) et le tissu adipeux qui enveloppe le tout. La graisse peut représenter jusqu'à 80 % du volume des seins. Voilà pourquoi, en cas de régime trop rapide et trop important, on se retrouve avec des seins vides et plats, comme des gants de toilette. Les seins peuvent avoir différentes formes, être plus ou moins lourds, plus ou moins plats, sans que cela soit anormal.

À chaque extrémité du sein, on trouve le mamelon, encore appelé téton. Au début de la croissance des seins, les tétons peuvent picoter ou démanger, mais après, quand les seins auront stabilisé leur taille, cette gêne disparaîtra. Les tétons sont très sensibles au froid et aux caresses, ils se durcissent instantanément grâce un petit muscle érectile et à des centaines de capteurs (ou terminaisons nerveuses) dispersés à sa surface. Les mamelons sont prolongés par l'aréole, de couleur généralement moins intense, qui varie du rose au brun selon les femmes et au cours de leur existence. C'est à ce niveau que se situent des glandes sudoripares (qui émettent de la sueur), on y trouve aussi parfois des poils. Les mamelons peuvent être dirigés vers le haut, vers le bas, être clairs ou foncés, rentrés ou sortis... c'est normal, le plus souvent.

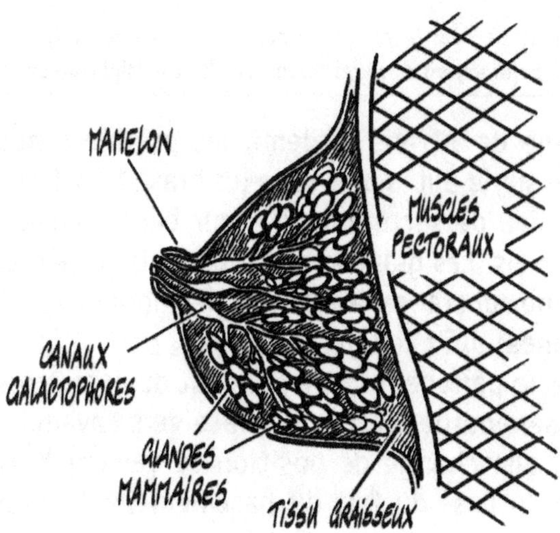

Seins à géométrie variable

Ces petites boules moelleuses pèsent entre 150 g et 400 g en moyenne (et pendant l'allaitement 800 g à 1 kg). En volume, les seins varient de 150 cm^3 à 600 cm^3 pour les filles les mieux « carrossées ». Au cours de l'orgasme, les seins peuvent doubler de volume (même s'ils ne paraissent pas deux fois plus gros !).

Question lingerie, il existe quatorze tailles de tour de poitrine, la plus petite étant le 34 qui correspond à 80 cm environ de tour de poitrine, la plus grande étant le 46, qui correspond à 145 cm de tour de poitrine. Il existe six profondeurs de bonnets qui vont de A à F. La combinaison de toutes ces mesures donne 62 tailles intermédiaires[1] !

1. Martin Monestier, *Les Seins, Encyclopédie historique et bizarre des gorges, mamelles, poitrines, pis et autres tétons*, Le Cherche-Midi éditeur, 2001.

Vers l'âge de 11 ans et demi, les **premiers poils** vont apparaître sur le pubis puis sous les bras (12 à 18 mois plus tard). Au lieu de sécréter une sueur banale comme sur le reste du corps, ces glandes sudoripares très spéciales vont émettre une substance laiteuse et des hormones odorantes (phéromones) qui excitent la libido.

À la même période, et cela pendant deux ou trois ans, la **vulve** va se modifier. Verticale (face vers l'avant) pendant l'enfance, elle change de position et devient horizontale (face vers le bas) du fait du basculement du bassin. Les grandes lèvres s'épaississent et leur face externe se couvre de poils. Lors de l'excitation sexuelle, celles-ci se gorgent de sang, s'ouvrent et dévoilent l'entrée du vagin.

Les petites lèvres sont habituellement masquées par les grandes. Elles sont moins épaisses, se pigmentent à la puberté, pour prendre une couleur allant du rose clair au brun foncé. Elles se rejoignent sur le dessus au niveau d'un petit capuchon, le clitoris. À la puberté, cet organe grossit lui aussi et devient extrêmement sensible. Bourré de

« capteurs de volupté », il donne du plaisir lors des caresses ou de l'acte sexuel. Il est tout à fait possible que les petites lèvres dépassent les grandes lèvres, qu'une lèvre soit plus grande que l'autre ou de couleur différente.

Pour mieux connaître son anatomie intime et son fonctionnement : une seule solution, aller y voir avec un miroir. Ce n'est ni sale ni mal, juste très instructif. Il est possible de se regarder assise, jambes écartées, ou debout, en se penchant vers l'entrejambe.

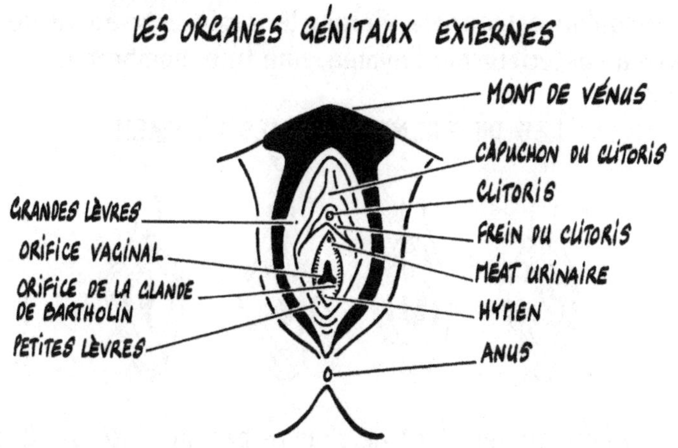

De haut en bas, ou d'avant en arrière, il y a trois orifices :

• ***L'orifice (ou méat) urinaire*** est séparé du clitoris et de l'entrée du vagin par une zone appelée vestibule.

• ***L'orifice vaginal*** est séparé de la région anale par une zone appelée fourchette. L'entrée du vagin est bordée par l'hymen.

• ***L'orifice anal ou anus.***

Les grandes lèvres font 8 cm de longueur en moyenne et 1,5 cm de largeur ; les petites mesurent 3 cm de long, pour 1,5 cm de large. Le clitoris fait tout juste 2 cm au repos et presque le double en cas d'excitation.

Comment se présente le vagin ?

À l'entrée du vagin se trouve la vulve ; au fond du vagin, le col de l'utérus. Entre les deux, 8 à 12 cm en moyenne. Le vagin est un conduit, un tube, un écrin qui épouse la forme de ce que l'on introduit à l'intérieur (un doigt, un sexe, un tampon...). C'est donc tout sauf une cavité ouverte.

Lorsqu'on est encore vierge, le vagin est séparé de la vulve à l'extérieur par l'hymen, une fine membrane.

LES DIFFÉRENTES FORMES D'HYMEN

1 2 3 4

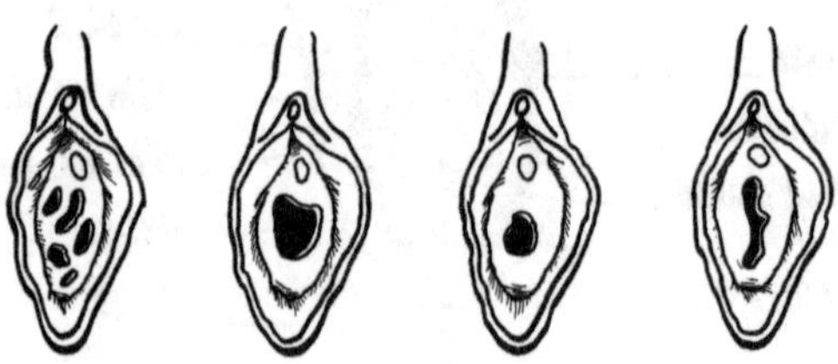

Le vagin est fermé et ne s'ouvre pas sur l'utérus. Il est entouré de muscles qui assurent son maintien et sa fermeture. Lorsque l'on passe son doigt, on tombe sur une petite partie renflée, le col de l'utérus. Voilà pourquoi on ne peut pas perdre de tampon à l'intérieur, comme le craignent souvent les femmes.

Le vagin peut s'allonger de 50 % au cours de l'acte sexuel. Comme il est très souple, il peut s'élargir jusqu'à 10 cm en largeur. Ce n'est pas un hasard : il doit laisser passer la tête de bébé lors de l'accouchement et celle-ci fait 10 cm en moyenne aussi.

L'utérus comprend le col utérin, en haut du vagin, et le corps utérin, situé dans la partie basse du ventre, appelée petit bassin ou pelvis. L'utérus a la forme d'une poire, dont la petite extrémité, en bas, est le col. De chaque côté de la partie supérieure, au niveau des « cornes », s'ouvrent deux petits orifices qui mettent l'utérus en communication avec les trompes.

Cet ensemble est recouvert d'une peau particulière appelée muqueuse, comme celle que l'on trouve à l'intérieur de la bouche, mais plissée, avec un immense réseau de vaisseaux sanguins. À la puberté, la muqueuse vaginale devient rose et humide, alors qu'auparavant, elle était sèche et rouge. Le liquide qui lubrifie la surface change de composition en fonction du cycle. Il contient des bonnes bactéries qui protègent le vagin, appelées lactobacilles ou bacilles de Döderlein.

Cette flore amie empêche les germes ennemis de se développer (en maintenant un pH acide dans la région). Voilà pourquoi on recommande aux filles et aux femmes de ne pas se nettoyer avec des savons ou des gels trop décapants qui détruiraient la bonne flore et entraîneraient des irritations et des infections (voir chapitre 11, p. 263).

LES ORGANES GÉNITAUX INTERNES

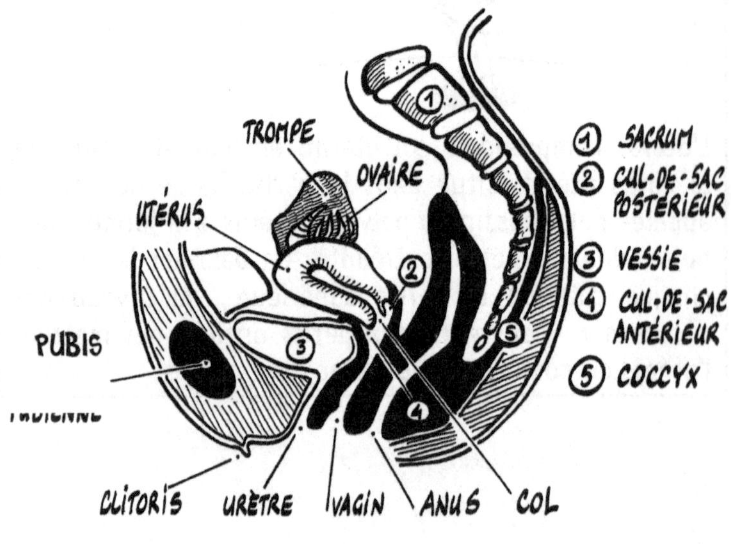

De plus en plus précoces, les filles ?

Une étude américaine, publiée en 2010 dans la revue *Pediatrics*, révèle que 15 % des fillettes examinées avaient un développement des seins dès l'âge de 7 ans, et que les poils du pubis apparaissaient dès l'âge de 8 ans chez 20 % d'entre elles. Une autre étude, danoise celle-là, publiée en 2009, révélait qu'en moyenne, les filles avaient des seins un an plus tôt que celles examinées en 1991.

On invoque plusieurs théories pour expliquer cela : une prise de poids générale de l'enfant (or la graisse se transforme en œstrogènes qui sont des hormones féminines par excellence) ; les hormones retrouvées dans l'environnement (l'eau que l'on boit, la nourriture que l'on mange...) « Chez les opossums, mammifères comme nous, la puberté est avancée quand il y a des prédateurs sur leur île, signale le célèbre neuropsychiatre Boris Cyrulnik. Cela signifie-t-il que les adolescentes sont plus inquiètes et plus stressées qu'autrefois ? » La question mérite d'être posée.

La mise en place du cycle et des règles

Les premières règles apparaissent en moyenne entre 12 et 13 ans mais certaines peuvent les avoir bien avant ou bien après sans que cela soit inquiétant (voir chapitre 2, p. 61). Quoi qu'il en soit, la survenue des règles est l'Événement n° 1 pour les filles, celui qui les fait basculer dans le monde des femmes. Tous les 28 jours en moyenne, le temps d'un cycle, elles auront leurs règles, de la puberté jusqu'à la ménopause, vers 50 ans.

Le cycle est en fait d'une durée très variable : parfois 21 jours, parfois 35 jours. 13 % des femmes seulement ont un cycle de 28 jours.

Pour les curieuses : tout se passe au niveau de l'utérus, ce petit sac en forme de triangle, niché derrière le vagin et relié par des trompes aux ovaires. L'utérus se prépare à accueillir l'ovule pondu par les ovaires chaque mois au cours de l'ovulation. Cette phase se produit habituellement 14 jours avant les règles. Les hormones féminines produites (les œstrogènes) font grossir quelques ovules et épaississent la paroi de l'utérus. Un seul ovule se développera plus que les autres, celui qui sera émis dans la trompe qui relie l'ovaire à l'utérus.

L'ovulation s'accompagne de la sécrétion d'une substance un peu visqueuse, la glaire, qui aide les spermatozoïdes à survivre plus longtemps.

Pendant cette période, la fille est particulièrement fertile et peut tomber enceinte.

L'essentiel à retenir, c'est ça !

L'ovulation varie d'une personne à l'autre, et chez la même personne d'un cycle à l'autre, voilà pourquoi une grossesse reste possible à tout moment du cycle, y compris pendant ou juste après les règles (voir chapitre 9, p. 201). Lorsque cet ovule est fécondé par les spermatozoïdes au cours du rapport sexuel, il devient un œuf. Pour l'accueillir, la muqueuse de l'utérus s'est épaissie pendant toute la première partie du cycle et elle est devenue un petit nid douillet.

Les filles naissent avec un stock de 250 000 ovules dans chaque ovaire, de quoi favoriser une grossesse de la puberté à la ménopause.

Toutes réglées comme du papier à musique ? Sûrement pas !

Les règles se produisent habituellement lorsqu'il n'y a pas eu fécondation : le taux des hormones (œstrogènes) chute brutalement ; l'ovule produit est alors éliminé dans l'utérus. La « peau superficielle » qui recouvre l'intérieur de l'utérus, appelée muqueuse, se détache pour donner l'écoulement fait de « peaux » et de sang. Certaines filles sont réglées comme du papier à musique dès les premières fois, d'autres au bout d'un an ou deux seulement, d'autres encore restent très irrégulières toute leur vie sans que cela soit anormal.

Astuce pour s'y retrouver au début

Noter la date de l'arrivée des règles sur un calendrier et voir si celles-ci reviennent régulièrement. Cela permettra de prévoir l'arrivée des prochaines règles et de ne pas être inquiétée par les subites pertes de sang. Le jour 1 du cycle est le premier jour des règles. Compter ensuite jusqu'au jour de la veille des nouvelles règles et noter le tout.

Du fait des hormones et de leur évolution en dents de scie, une fille peut être d'humeur très différente au cours de l'ovulation ou à l'approche de ses règles. Parfois, elle est triste, énervée, à ne pas prendre avec des pincettes, parfois euphorique et prête à escalader des montagnes (voir p. 64 et 261).

♦ *Qu'est-ce qui est le mieux, une serviette ou un tampon ?*

La serviette (ou garniture externe) est très facile à utiliser et sans doute plus rassurante lorsque l'on vient d'être réglée. Équipée d'une bande adhésive, la serviette ne se promène plus comme c'était le cas autrefois. Il en existe de différentes tailles et de différentes capacités d'absorption en fonction de son flux sanguin. Les protège-slips, qui sont des petites serviettes très minces, sont intéressants en tout début ou en fin de règles, lorsque la quantité de sang est minime.

Le tampon a lui aussi ses avantages. Il assure une protection interne en toute discrétion. À la piscine, comme dans toute autre activité sportive, il permet tous les mouvements sans risque particulier de fuites, s'il a bien été changé régulièrement. Au début, il vaut mieux utiliser des tampons « mini ».

♦ *Peut-on utiliser un tampon lorsqu'on est vierge ?*

Oui. L'hymen n'est pas la barrière infranchissable que l'on croit et qui barre l'entrée du vagin. C'est au contraire une fine membrane souple qui peut être étirée à plus de 2,5 cm. Il comporte un orifice par lequel passe le sang des règles. C'est dans cet espace que le tampon peut-être introduit sans dommage. Par ailleurs, il peut être intéressant que les jeunes filles utilisent des tampons, car elles apprennent ainsi à mieux connaître leur corps et à l'apprivoiser, ce qui les aidera dans leur sexualité future.

♦ *Le tampon peut-il se perdre à l'intérieur ?*

Non. Une fois en place, les muscles du vagin le retiennent. Il ne peut plus bouger et ne se sent plus. En outre, l'ouverture du col de l'utérus, tout au bout du vagin, est minuscule et ne peut laisser passer un tampon.

♦ *Un tampon peut-il être utilisé en début et en fin de règles ?*

Oui, on peut choisir la formule « mini » ou « normal » pour de faibles quantités de sang et réserver les « super » quand le flux augmente, selon les jours de son cycle. L'idée est de choisir la formule la plus adaptée, c'est-à-dire un tampon qui absorbe juste ce qu'il faut sans assécher le vagin, ce qui irriterait la muqueuse protectrice et la fragiliserait.

♦ *Combien de fois renouveler ses protections ?*

Les tampons doivent être renouvelés toutes les 4 à 8 heures, ils sont donc utilisables la nuit, à condition d'être placés avant le coucher et changés dès le réveil. Les « super plus » sont particulièrement indiqués en cas de règles abondantes, éventuellement doublés de serviettes la nuit.

♦ *Un tampon, ça favorise les mycoses et les infections ?*

Non, la seule précaution de base est de se laver les mains avant de l'introduire ou de le retirer. La période des règles ne correspond pas à un bouillonnement bactérien ni à l'élimination de déchets. Ce qui est produit est du sang « propre » auquel s'ajoutent des fragments de muqueuse qui se détachent de la paroi de l'utérus.

♦ *Faut-il retirer le tampon chaque fois que l'on va faire pipi ?*

Inutile. L'urine passe par le méat urinaire et non par le vagin. En revanche, rien n'empêche d'écarter le cordonnet. Et pour éviter les infections, il faut s'essuyer de l'avant vers l'arrière.

♦ *On risque quoi si on oublie le tampon à l'intérieur ?*

Les oublis sont exceptionnels mais ils peuvent survenir même chez des femmes très averties. Les distraites sont alertées par des pertes vaginales qui sentent mauvais au bout de 48 à 72 heures. En ce cas, il faut consulter aussi vite que possible un gynécologue. Sinon, on risque une infection locale.

♦ *Peut-on utiliser un tampon entre les règles ?*

Certaines ados inquiètes utilisent un tampon pour faire barrage aux pertes blanches ou en prévision des règles. C'est prendre un risque réel d'irritations et d'infections locales. Les tampons peuvent dégrader les bactéries qui protègent normalement la muqueuse vaginale de l'invasion des germes plus toxiques.

Les pertes blanches, c'est grave, docteur ?

Il est tout à fait normal d'avoir des pertes blanches, elles se présentent un peu comme du lait, qui devient jaune en séchant au fond de la culotte. Ces sécrétions s'échappent du vagin. Elles sont là pour le lubrifier, le garder souple et l'hydrater. Elles rendent aussi les relations sexuelles plus faciles. Lors de l'ovulation, elles augmentent un peu pour permettre aux spermatozoïdes d'aller à la rencontre de l'ovule. Si les pertes ont une odeur bizarre ou s'accompagnent de petites brûlures ou picotements, il s'agit peut-être d'une IST ou d'une infection (voir chapitres 10, p. 241, et 11, p. 263).

La silhouette qui se transforme

À la puberté, la croissance s'accélère sous l'effet de l'hormone de croissance. Les filles vont prendre jusqu'à 25 cm entre le début et la fin de la puberté, avec une augmentation moyenne de 7,5 cm par an (de 8,5 cm par an pour les garçons) ; et elles atteignent leur maturité deux ans avant les garçons en moyenne. Cette croissance s'accompagne d'une évolution de la composition corporelle et de la répartition des graisses. Le bassin s'élargit, les hanches deviennent plus larges, les fesses plus rebondies et les cuisses plus pleines.

Ah bon !

Avant la puberté, la masse grasse (tissu adipeux) et la masse maigre (muscle + os) sont à peu près équivalentes chez les deux sexes.

Après la puberté, la masse grasse est deux fois plus importante chez la fille (alors que la masse maigre est deux fois plus importante chez le garçon).

En fait, si l'on se place du point de vue de l'évolution des espèces, tout se passe comme si l'organisme de la femme devenue fertile stockait des réserves de graisse dans l'éventualité d'une future grossesse. Cette graisse est destinée à fournir une énergie utile au bébé. Ce qui parfois désespère les filles est donc en fait un joker inventé par la nature pour préserver coûte que coûte le petit d'homme.

La peau du visage et les cheveux

Une nouvelle qui consolera peut-être les garçons mais pas trop les filles : l'acné est due à la présence d'un excès d'hormones mâles. Du coup, les glandes sébacées (qui fabriquent la graisse ou sébum à la base des poils) sont stimulées, l'orifice des glandes a tendance à se boucher, formant soit des points blancs, soit des points noirs ; la peau imprégnée de sébum devient un terrain de jeu idéal pour les bactéries ; c'est alors que les boutons apparaissent sur le visage, éventuellement le dos, le buste ou le décolleté.

L'acné touche 70 % des adolescents et dure en moyenne deux à trois ans, parfois plus, parfois moins, avec des poussées et des temps calmes. Chez certains, la peau sera à peine embarrassée, chez d'autres, elle se transformera en vrai champ de bataille, envahi de boutons, d'irritations et de rougeurs. Cette maladie disparaîtra spontanément vers 18-20 ans, pour la majorité des adolescents, avec ou sans médicaments. Mais si ces boutons altèrent la confiance en soi et la relation aux autres, il est utile de consulter un dermatologue. Les filles ne sont pas les seules à avoir le droit de se préoccuper de leur image, les garçons sont concernés eux aussi. Les traitements sont efficaces, il serait dommage de s'en priver.

La vraie guerre des boutons

Les traitements habituels agissent contre les germes. Ils sont à base de lotions, gels et crèmes antiseptiques ou antibiotiques. On conseille aussi des crèmes ou gels à base de peroxyde de benzoyle pour lutter contre l'inflammation locale. En cas d'acné plus sévère, on recommande parfois la vitamine A acide (connue sous le nom de Roaccutane®, Effederm®, etc.). Cette substance, appliquée sous forme de crème ou prise en comprimés, agit en « asséchant » l'épiderme. Cela permet la dissolution des bouchons au niveau des glandes sébacées et la libération du sébum. Les effets indésirables sont mineurs pour les garçons et disparaissent assez vite ; il s'agit d'irritations : peau et lèvres sèches, rougeurs, conjonctivite. Mais les filles, qui peuvent tomber enceintes, doivent rester particulièrement vigilantes. La vitamine A acide peut être à l'origine de malformations du fœtus, d'où sa réputation de substance à manier avec précaution. Les filles doivent prendre ce produit sous contraception hormonale afin d'éviter toute mauvaise surprise. En tout cas, que l'on soit fille ou garçon, ce traitement ne rend pas stérile, comme certains l'imaginent parfois.

Deux idées sur les boutons à laisser au placard : le fait d'avoir des rapports sexuels n'entraîne pas la disparition de l'acné. Et manger du chocolat ou de la charcuterie n'aggrave pas les symptômes !

Les cheveux n'échappent pas au sortilège des hormones. Ils deviennent plus gras, parfois plus ternes et plus plats. Il suffit de les laver avec un shampoing régulateur pour cheveux gras, et cela aussi souvent que nécessaire. Les formules actuelles n'ont plus rien à voir avec les produits décapants d'autrefois et peuvent s'utiliser quotidiennement.

Des pellicules peuvent aussi surgir à la puberté, c'est même assez banal. Il faut alors les traiter à l'aide d'un shampoing antipelliculaire.

À quel âge la puberté commence-t-elle et s'achève-t-elle ?

▸ Côté fille

La puberté survient généralement entre 10 à 15 ans, elle dure de deux à trois ans et s'achève avec la taille définitive.

On parle de puberté précoce quand les premiers signes surviennent avant 8 ans (seins, pilosité...).

On parle de retard pubertaire si les seins ne sont pas apparus à 15 ans et les règles à 17 ans.

▸ Côté garçon

La puberté apparaît entre 12 et 14 ans en moyenne et s'achève vers 18 ans, avec la taille définitive.

On parle de puberté précoce quand les premiers signes (accélération de la croissance, augmentation du volume des testicules) surviennent avant 10 ans.

On parle de retard pubertaire quand aucun des signes habituels de la puberté n'est apparu avant 14 ans.

▸ Côté garçon

Les **testicules** doublent ou triplent leur volume entre l'âge de 10 et 12 ans, signe que la « machinerie » se met en marche pour sécréter de la testostérone. La peau des bourses se plisse et devient plus foncée. Les érections spontanées se multiplient, avec un maximum de fréquence entre 13 et 15 ans. Au nombre de quatre à six chaque nuit, ces érections durent un quart d'heure chacune et sont parfois suivies d'éjaculation...

La **pilosité** du pubis (bas-ventre) apparaît vers 12 ans. Ce phénomène est si marquant qu'il a donné son nom à la puberté, dont l'origine latine, *pubis*, veut dire « poils ».

Quelques mois plus tard, le **pénis** se développe et prend sa forme caractéristique : au niveau du gland décalotté, un sillon se creuse et marque une frontière avec le reste du pénis. Celui-ci atteint sa taille adulte vers l'âge de 15 ans.

Généralement, la **première éjaculation** survient un an après que le pénis a débuté sa croissance, donc aux alentours de 13-14 ans. Le sperme émis parvient à être pleinement fécondant au bout de quelques mois, mais on a vu des adolescents de 12 ans mettre enceinte leur partenaire du même âge ! Mieux vaut donc être vigilant si l'on doit avoir des rapports sexuels précoces.

Des **poils** apparaissent sous les aisselles deux ans après la poussée des poils pubiens. Chez certains, les poils vont aussi se multiplier sur le ventre, les fesses, la poitrine et le dos. Même la ligne d'implantation des cheveux se modifie : elle va se creuser en haut des tempes, chez tous les garçons, y compris ceux qui ne deviendront jamais chauves.

Les poils de la barbe font leur apparition au coin des lèvres, puis le long de la lèvre supérieure (duvet de la moustache), puis tout en haut des joues et enfin sur le menton. Le fait de commencer à se raser rend le poil un petit peu plus dru, mais n'accélère pas la pousse pour la rendre plus uniforme et esthétique.

La **pomme d'Adam** apparaît sur le cou et la **voix** mue. D'abord, elle est instable au cours de la journée, c'est la période des couacs, avec de brusques sauts au niveau des sons produits. Puis, en quelques semaines ou quelques mois, les variations s'atténuent. Ce changement de voix survient tardivement, c'est le dernier signe visible de la puberté à se mettre en place. Si bien qu'il n'est pas rare de s'entendre dire au téléphone « mademoiselle », alors qu'on a du poil au menton et des épaules de gardien de but ! Patience : à 18 ans, au plus tard, le doute ne sera plus permis.

Ce qui met vraiment la puce à l'oreille des garçons

La première éjaculation se produit le plus souvent entre 13 et 15 ans, parfois plus tôt, parfois plus tard. La plupart du temps, elle survient la nuit, c'est pourquoi l'on parle de « rêves mouillés ». Cette éjaculation est le premier signe visible et parlant de la puberté en cours. Elle pose des questions : pourquoi est-ce arrivé ? Comment ? Est-ce normal ? Puis-je retrouver ce même plaisir ? C'est d'ailleurs vers cette période que les adolescents renouent avec une pratique plus ancienne souvent délaissée, la masturbation.

L'étape des premières éjaculations est aussi importante chez le garçon que celle des premières règles chez la fille. Cela se voit. Quelque chose d'important s'est passé dans le corps...

Parallèlement à ces transformations, d'autres signes encore plus visibles marquent la puberté, telle l'impressionnante augmentation de la taille et du poids. Entre 13 et 18 ans, un garçon peut prendre 20 à 30 cm et, entre 10

et 18 ans, doubler son poids. La croissance commence par les pieds et le nez, ensuite par les jambes et les bras, enfin par le tronc. D'où ce malaise tant que l'harmonie entre le haut et le bas n'a pas été retrouvée.

Une maladresse bizarre

Certains adolescents peuvent devenir passablement maladroits durant les périodes d'accélération de croissance, alors qu'ils étaient plutôt habiles, avec d'excellents réflexes. L'explication est « mécanique » : ils ne connaissent plus leur corps ni leurs limites physiques, au sens littéral du terme. Il suffit de prendre un verre et patatras ! La nouvelle dimension des bras et des mains n'ayant pas encore été intégrée dans leur schéma corporel, c'est le flou et l'improvisation. Tout se passe comme s'il fallait brusquement conduire une voiture trop grande. Les manœuvres sont compliquées à effectuer du fait que l'on n'a pas encore sa nouvelle « carrosserie » dans l'œil.

Les signes qui doivent vous inciter à consulter un médecin

L'adolescence s'accompagne de petites maladies, souvent peu inquiétantes, qui traduisent en surface le changement hormonal en cours.

Les garçons, généralement plus actifs, agressifs ou sportifs, se plaignent plutôt moins de maladies que les filles, car ils peuvent évacuer leur tension dans l'action ; cependant, il leur arrive tout de même de souffrir de maux de ventre à répétition, de coups de déprime, de maux de tête, de crises de boulimie ou d'anorexie.

Si curieux que cela puisse paraître, les maux exprimés à cette période si sensible sont aussi des *mots*. Ils sont une façon comme une autre de dire avec son corps ses incertitudes face à l'avenir ou ses difficultés à trouver son chemin vers le monde des adultes.

Parler, dire ses craintes, évacuer ses doutes

La fierté de grandir, d'avoir un nouveau corps et un nouveau sexe s'accompagne évidemment de craintes et de doutes. Il n'y a pas de honte à s'exprimer à ce sujet. Mais à qui s'adresser ? Aux parents ? Pas toujours si évident, certains ont leur pudeur, et ce sont les dernières personnes à qui ils ont envie de parler de leurs transformations, de l'amour, et encore moins de sexe ! Aux ami(e)s ? Pourquoi pas, mais la tentation est grande de ne montrer que ses bons côtés, voire de les inventer, tant il est difficile de dévoiler ses faiblesses... Alors, parfois, quand le malaise dure ou qu'il est trop intense, il est vital de s'en remettre à un adulte neutre de son entourage ou, pourquoi pas, à l'infirmière du collège ou du lycée, au médecin de son choix ou à un psychologue. Il n'y a pas besoin d'être fou pour aller voir un psychologue ou un psychiatre et ça peut faire beaucoup de bien. Il y a aussi le Fil santé jeunes, anonyme et gratuit : 32 24.

♦ *J'ai mal partout, c'est grave ?*

Selon une enquête de l'Inserm sur les 11-19 ans, les principaux troubles dont se plaignent les ados sont les maux de tête, maux de ventre, nausées, mal au dos, fatigue, cauchemars ou réveils nocturnes. Les filles se plaignent davantage que les garçons et le tiers d'entre elles cumulent au moins trois symptômes.

♦ *Je suis toujours fatigué(e), c'est normal ?*

Un jour bourré d'énergie, le lendemain vidé, à la limite de la déprime... c'est typique de l'adolescence. La croissance consomme une énergie énorme, tout comme la libido qui s'éveille, les rythmes d'activité et de sommeil qui sont trop irréguliers, le sport qui épuise.

Un bon week-end de repos aide souvent à repartir du bon pied. Mais si la fatigue s'accompagne d'ennui, d'idées noires, d'un sentiment d'inutilité, de troubles du sommeil, d'absentéisme ou de difficultés scolaires, il peut s'agir d'une dépression. Là, c'est du sérieux, mieux vaut en parler à un médecin.

Autre cause fréquente de fatigue : les maladies virales comme la grippe, avec courbatures et fièvre, et la mononucléose infectieuse, fameuse « maladie du baiser ». Transmise par la salive, elle donne mal à la gorge, des ganglions (de la taille d'une petite noisette) le long du cou, une fièvre modérée et une fatigue intense au point que l'on est incapable de faire un effort physique habituel. Deux à trois semaines de repos absolu sont nécessaires pour être parfaitement rétabli.

♦ *J'ai un sommeil décalé*

Les ados dorment de moins en moins, et près d'un quart d'entre eux souffrent d'un manque chronique de sommeil. Ils dorment moins de sept heures par nuit[1], alors qu'ils

---

1. Enquête de l'Institut national de prévention et d'éducation pour la santé, septembre 2011.

devraient dormir plus que les adultes. Cela a des conséquences sur l'apprentissage et la santé.

8 à 9 heures de sommeil, c'est le temps indispensable à une bonne récupération car la croissance fatigue. Cependant, le sommeil comme l'existence de l'ado ont tendance à être anarchiques et décalés, avec coucher et réveil tardifs. Les séances de sport du soir, les sorties nocturnes, l'exposition prolongée à la lumière des écrans d'ordinateur, les jeux vidéo, les appels téléphoniques tardifs, tout cela décale forcément et peut même complètement déboussoler les horloges internes.

Le week-end, pour éviter que le décalage ne s'installe et ne pose problème, les spécialistes du sommeil conseillent de ne pas dormir au-delà de 11 heures du matin. Ils estiment aussi que si l'on rentre au petit matin, mieux vaut ne pas se coucher du tout ou dormir quelques heures seulement pour rester dans son rythme et ne pas se décaler davantage. Il faudrait favoriser tout ce qui est éveillant le matin, sport, sortie à la lumière du jour… Le soir, au contraire, pour bien dormir, il faut éviter, deux heures avant le coucher, toutes les activités excitantes (jeux, films d'horreur…) et favoriser les activités calmes (lecture, musique).

Si des angoisses répétées empêchent de s'endormir, si l'on fait des cauchemars accompagnés de réveils fréquents, si l'on passe le plus clair de son temps à dormir, ne pas hésiter à se confier à un médecin. Pour en savoir plus : www.reseau-morphee.com.

♦ *Je dévore*

À la puberté, les besoins nutritionnels dépassent bien souvent ceux d'un adulte à cause du pic de croissance. Celui-ci survient généralement entre 11 et 15 ans chez les filles et entre 13 et 16 ans chez les garçons. Les besoins énergétiques moyens pour les filles (13-19 ans) sont de 2 200 calories par jour (contre 2 000 en moyenne pour une femme) et pour les garçons (13-19 ans) sont de 2 700 calories par jour (contre 2 500 en moyenne pour un homme).

JE DORS TROP, JE DÉVORE, J'AI LE DOS VOÛTÉ, JE DÉPRIME...

Si on est trop enrobé au départ, la puberté est le moment idéal pour surveiller son alimentation et normaliser durablement son poids. La croissance accélérée donne un véritable coup de starter à la ligne. Comme le corps s'allonge, les kilos sont mieux répartis. Mais cela n'a qu'un temps, c'est pourquoi les habitudes doivent changer avant la fin de la puberté : manger moins de gras et de sucré (moins de frites et de sodas, par exemple), davantage de fruits et de légumes, avec un vrai petit déjeuner le matin et un goûter à 16 ou 17 heures pour éviter de grignoter la première barre chocolatée qui tombe sous la main (très sucrée, mais aussi très grasse)... Le fait de fractionner son alimentation avec de vrais (petits) repas équilibrés ne fera pas grossir, bien au contraire. En cas de problèmes de poids, le mieux est de consulter un(e) nutritionniste ou un(e) diététicien(ne).

♦ *J'ai le dos voûté*

À cause de la croissance, on se tient souvent mal, la tête enfoncée dans les épaules ou le nez dans les chaussures. Des déformations vertébrales importantes peuvent s'installer ou évoluer, notamment la scoliose (de dos, la colonne fait un S) ou la cyphose (de profil, le dos est rond). Les heures passées devant la console ou l'ordinateur n'arrangent rien.

Une mauvaise attitude permanente accompagnée de fatigue ou de douleurs dorsales doit absolument faire consulter un spécialiste à l'hôpital, dans un service d'orthopédie pédiatrique.

♦ *Je déprime*

Il est naturel de traverser des coups de cafard passagers, de se trouver moche, mal dans sa peau et d'avoir des complexes. À cet âge, le look est sacré, car il y a le regard des amis... et celui des amoureux potentiels (voir chapitre 2, p. 49). Existent aussi toutes sortes de peurs et de blocages, qui traduisent sans doute la crainte de basculer dans l'inconnu et d'abandonner pour toujours les petits bonheurs de l'enfance. « Flipper », « angoisser », « paniquer », « bader » : tous ces mots montrent la vulnérabilité du moment et les doutes qui donnent « les boules ».

Le cocktail qui fait mal

Le taux de dépression chez les ados n'est pas négligeable : 20 % des filles et 7 % des garçons sont concernés. Impossible de savoir si c'est plus ou moins que dans les décennies précédentes, les outils de mesure ont changé.

On sait cependant qu'entre 1993 et 2007, les tentatives de suicide ont presque doublé, passant de 6 % à 11 % (avec une majorité de filles), c'est un signe de mal-être et un appel au secours évident mis en acte, heureusement non suivi de décès. Les causes de ces tentatives sont naturellement la dépression, le stress scolaire (plus important que le malaise familial), la pression de l'environnement, et surtout les violences subies dont les violences sexuelles (voir chapitre 8, p. 181).

Ces chiffres sont tristes mais peuvent se lire de manière positive, en regardant la bouteille à moitié pleine plutôt que la bouteille à moitié vide : 80 % des filles ne font pas de dépression, 93 % des garçons non plus.

Les choses deviennent préoccupantes si l'on se met à sécher les cours, à boire seul ou en cachette, à broyer du noir en refusant de voir ses amis, à ne plus trouver d'intérêt aux matières scolaires que l'on adorait, à perdre l'appétit et à se réfugier dans le sommeil. De la même manière, les allers-retours incessants vers le frigo, l'agressivité, la provocation à répétition, les défis, les vols, les bagarres, le recours excessif à l'alcool ou aux drogues expriment un mal-être. Tous ces signes doivent inciter à consulter un psychiatre ou un psychologue (voir adresses p. 47).

Globalement, ça va comment ?

Toute cette liste de maux détaillés plus haut (ou étalés dans les journaux) pourrait faire croire que les ados vont mal et même très mal. Il n'en est rien. Les statistiques sont relativement optimistes. 85 % des jeunes disent aller bien, et s'ils ont expérimenté l'alcool, le tabac ou le cannabis, c'était seulement « pour voir », ils n'entrent pas dans des comportements réguliers ou à risque.

Seuls 15 % des jeunes cumulent au moins trois troubles (violence, suicide, ivresses répétées, addiction...). Les filles surtout prennent de plus en plus de médicaments pour se calmer (somnifères ou tranquillisants)[1]. Entre 1999 et 2007, elles sont passées de 4 % à 18 % alors que l'augmentation a été plus modeste pour les garçons, passés de 10 à 12 %. Ce qui fait des ados français les champions d'Europe dans ce domaine (5 % en moyenne pour les autres pays). Mauvais point : les drogues illicites (cocaïne, ecstasy, crack) sont en hausse aussi bien côté fille que côté garçon. 20 % des ados ont une consommation régulière.

1. Enquête, de 2007, de l'European School Survey on Alcohol and Other Drugs menée tous les quatre ans dans plus de 35 pays européens, auprès des élèves âgés de 16 ans. En France, elle a été réalisée sous la responsabilité de l'Observatoire français des drogues et des toxicomanies et de l'Institut national de la santé et de la recherche médicale dans 202 établissements, auprès de 2 800 élèves.

Bons plans et bonnes adresses

• Dans les centres de planning familial, les consultations médicales sont ouvertes aux filles comme aux garçons et elles sont gratuites et confidentielles ; elles ne nécessitent aucune autorisation parentale. Pour avoir l'adresse du centre de planning le plus proche de son domicile (DOM-TOM compris), s'adresser au Mouvement français pour le planning familial : 4, square Saint-Irénée, 75011 Paris, 01 48 07 29 10.

• Le Fil santé jeunes est un numéro vert national. Composer le 32 24. Ce service anonyme et gratuit fonctionne tous les jours, même le dimanche, de 8 heures à minuit. Il propose écoute, soutien, information et orientation pour toutes les petites inquiétudes de la vie quotidienne et les problèmes de santé ou de sexualité. Site Internet : www.filsantejeunes.com.

• Un site spécialement dédié aux jeunes : www.tasante.com avec des rubriques sur la puberté, les sentiments, le sexe, la contraception, la drogue, le bien-être. Possibilité de discuter de sa santé dans des forums avec des spécialistes ou dans des chats (discussions en direct).

• Suicide écoute 24 heures sur 24, 365 jours par an. 01 45 39 40 00 – e-mail suicide.ecoute@wanadoo.fr – Site Internet : www.suicide-ecoute.fr ou www.infosuicide.org (avec toutes les infos sur la prévention selon sa région).

2.

Complexes et prises de tête

Ce qui se joue dans la salle de bain

Françoise Dolto, psychanalyste bien connue des parents, a remarquablement su décrire la traversée houleuse de la puberté. Dans son livre *Le Complexe du homard* (Gallimard), elle explique le désarroi de l'adolescent face à sa mue. Il perd sa carapace protectrice qui ne grandit pas avec lui. Vulnérable aux blessures, il se cache dans un trou de rocher, comme le homard.

Face aux transformations radicales du corps, les attitudes les plus fréquentes sont l'indifférence, la curiosité inquiète ou les deux à tour de rôle. Rarement on se contemple en pensant « Qu'est-ce que je deviens canon ! ».

Dans le premier cas, l'apparence physique semble n'avoir aucune importance. On évite de se regarder (pour ne pas voir que l'on grandit) et on néglige son apparence vestimentaire. Il n'y a que l'intérieur qui compte. La désinvolture apparente est une manière de lutter contre l'angoisse du changement et de prendre une certaine distance vis-à-vis de soi-même. Cette phase est en général passagère.

Dans le second cas au contraire, on est très attentif à sa métamorphose. La salle de bain devient un refuge, un lieu de... pudeur. On s'y cache des autres et l'on s'y découvre soi-même. Car c'est ici, dans cette pièce stratégique de la maison, que l'on confronte l'image intérieure et l'image extérieure de soi. Comme on est en pleine renaissance, pour ne pas dire mutation, on essaie de repérer dans le miroir tout ce qui pourrait être anormal. La question qui revient, lancinante, est : suis-je bien comme les autres ? Suis-je normal(e) ? Qui vais-je devenir ? Pour le savoir, on s'observe sous toutes les coutures, on recherche son meilleur profil, on s'évalue, on s'interroge, on s'inquiète devant le bouton qui nous défigure et on déprime au point de se dire : « Ce n'est même pas la peine de sortir aujourd'hui, je suis trop moche. »

Les réflexions de la famille, du style « Encore dans la salle de bain ! », agacent au plus au point. On se sent forcément incompris(e). Mais si vous connaissez de telles angoisses existentielles, rassurez-vous : vous n'êtes pas superficiel(le) parce que vous vous attardez un peu trop devant le miroir. Cela dit, on peut aussi comprendre la famille. Pour peu qu'il y ait deux ados qui se disputent ce territoire, c'est la pagaille. Il est donc incontournable d'accepter des compromis. Les autres ont aussi besoin de faire un brin de toilette...

Les complexes

On l'a dit, le corps se transforme parfois très vite et de manière décalée. Les seins qui pointent chez les filles et les boutons chez les garçons sont une source majeure de malaise puisqu'ils s'affichent aux yeux de tous. Le port de l'appareil dentaire peut être source de fierté pour les uns, de complexe pour d'autres. Certains ados entrent dans leur coquille, ils se sentent en état d'infériorité dès qu'il s'agit de soutenir le regard de quelqu'un. Pour les garçons, la transformation du nez devient toute une affaire. Le nez d'enfant disparaît au profit d'un organe qui donne une vraie « gueule » et du caractère. Les uns assument avec fierté, les autres blêmissent devant leur visage.

Tous les complexes existent : on se trouve trop grand(e), trop petit(e), trop gros(se), trop maigre, trop musclé ou trop plate, trop poilu(e), trop imberbe, sans parler de ce qui ne se voit pas et qui suscite aussi des inquiétudes...

Les complexes expliquent en partie les brusques sautes d'humeur qui surprennent chacun. Un jour, on est timide et effacé(e), on peut se sentir dévalorisé(e), voire humilié(e) par une simple remarque ; le lendemain, le miroir aura été plus clément – ou le regard de l'autre –, et voilà qu'on devient subitement audacieux(se), plus sûr(e) de soi. Les montagnes russes, quoi, alors qu'au fond, on est toujours pareil(le) !

Ces questionnements intimes peuvent tellement prendre la tête que l'esprit vagabonde sans cesse. Les résultats scolaires finissent par en pâtir, les amitiés aussi, faites d'amour/reproches, d'attente/rejet, de fusion/explosion.

La vraie question est : d'où viennent ces complexes et pourquoi sont-ils parfois si envahissants ? Les psys estiment qu'ils sont le résultat d'un décalage entre une image rêvée de soi et la réalité forcément différente. La pub, la mode, l'image véhiculée par les groupes de musique qu'on admire, tout cela n'arrange rien, il est forcément impossible de ressembler à ces modèles, alors qu'on est soi-même en pleine transformation physique. Plus l'exigence d'être comme... ou de ressembler à... est forte, plus le décalage saute aux yeux et plus les complexes deviennent envahissants.

Mais si cela peut vous rassurer, deux choses à savoir : tous les ados traversent cette période obligée. Deuxièmement, l'objet même de ce qui vous attriste est le plus souvent transparent pour les autres. Ils sont beaucoup plus indulgents que vous ne l'êtes avec vous-même. Faites l'expérience avec une photo : vous vous trouvez « horrible », « nul(le) », « à jeter », « insortable », eux ne verront même pas pourquoi vous faites tant d'histoires. L'explication : vous êtes focalisé(e) sur un point précis de votre corps (le bouton, le nez, les oreilles, les seins, l'appareil dentaire, le poil de trop...), alors que les autres sont sensibles à l'harmonie du visage ou du corps, à la personnalité dans son ensemble ; ils vous perçoivent vivant(e), gai(e), entier(ère), bougeant, et non pas figé(e) comme devant une glace. C'est cela qui compte !

▸ Côté fille

Les régimes et l'obsession du poids

Le bouleversement hormonal entraîne des modifications du corps qui étoffent la silhouette. Les seins apparaissent, les hanches se développent, les fesses et les cuisses s'arrondissent, en vue de la procréation future. La mise en place du processus est spectaculaire.

À 15 ou 16 ans, on est au maximum du chambardement et au sommet de sa prise de poids. Mais à 20 ans, si on a une alimentation équilibrée, sans rien faire de spécial, on s'affinera forcément. C'est l'évolution physiologique normale. Mine de rien, savoir qu'il y a une sortie au tunnel, ça rassure.

Les heures passées devant le miroir servent à apprivoiser son nouveau corps. Mais parfois la différence entre le modèle auquel on voudrait ressembler et la réalité est trop blessante. Du coup, on cherche à maîtriser son corps (en se lançant dans des régimes) ou on le dédaigne (en le camouflant avec des vêtements larges et fourre-tout, en le laissant grossir...).

Il faut le savoir une bonne fois : une fille n'est pas forcée de ressembler à une icône pour plaire, elle peut être épanouie, adorable, aimable avec sa singularité et ses atouts, qui ne se résument pas à un chiffre sur une balance ou à une taille de soutien-gorge. La bonne nouvelle : il n'y a pas que les matheux qui aiment les courbes !

D'ailleurs, cela n'a pas échappé à certaines adolescentes qui veulent maigrir pour des raisons intimes plus psychologiques. Elles souhaitent gommer leur corps de femme devenu désirable, effacer tous ces kilos transformés en points d'attraction pour les garçons (nous parlons évidemment des seins et des fesses). Leur corps exprime une maturité sexuelle mais l'esprit ne suit pas. Ce décalage suscite chez ces adolescentes un malaise qu'elles tentent de résoudre par des restrictions alimentaires, voire des conduites franchement maltraitantes comme l'anorexie ou la boulimie. Si étonnant que cela puisse paraître, la prise de poids excessive protège elle aussi (inconsciemment) puisque la silhouette est « noyée » dans les rondeurs.

À propos des seins

♦ *Peut-on prendre des hormones pour faire grossir sa poitrine ?*

En théorie, oui, mais il en faudrait de telles quantités que ce traitement serait douloureux, voire dangereux. Certaines pilules peuvent donner un peu plus de volume aux seins... à condition de ne pas croire au Père Noël non plus. Reste deux solutions : soit se montrer philosophe, soit avoir recours à la chirurgie esthétique. Une option à prendre avec des pincettes, comme on le verra plus loin...

♦ *Le sport muscle-t-il les seins ?*

Non, pour la bonne raison que ceux-ci sont constitués essentiellement de tissu fibreux et graisseux. En revanche, les seins reposent sur les pectoraux, qui, eux, peuvent être renforcés grâce à la gymnastique ou à la natation, assurant alors un meilleur maintien. Une bonne posture (dos droit, épaules dégagées) les met en valeur de manière superbement efficace, alors que les dos voûtés et les épaules refermées les cachent. Le soutien-gorge a aussi son importance. Certains modèles « push up » assurent un résultat spectaculaire, même sur les petites poitrines. Avant de rêver de chirurgie, pourquoi ne pas commencer par la lingerie fine ?

♦ *Si je veux augmenter le volume de mes seins avant 18 ans, y a-t-il des risques ?*

Oui, si les seins n'ont pas achevé leur croissance. Ils poursuivront alors leur développement et modifieront le travail effectué. Il est important de suivre l'avis du chirurgien, quitte à patienter. Quel que soit l'âge, les risques les plus connus des prothèses mammaires sont les « coques » : des rétractions du tissu cicatriciel autour de l'implant qui aboutissent à une poitrine trop ferme. Parfois l'apparence des seins est modifiée, on peut aussi avoir mal. Il arrive enfin que l'implant se rompe. Le scandale des implants PIP rappelle au passage une évidence trop souvent oubliée, la chirurgie – y compris esthétique – n'est jamais banale. C'est un acte auquel réfléchir mûrement...

♦ *La chirurgie a-t-elle des effets sur la sensibilité ?*

La sensibilité des seins peut être diminuée et il faut en être prévenue. Par ailleurs, il y a une différence de consistance du sein au toucher, cela peut poser problème pour le partenaire ou pour soi. Certaines personnes sont très excitées par les caresses au niveau de la poitrine (il y en a même qui atteignent ainsi l'orgasme).

♦ *J'ai un sein plus gros que l'autre, est-ce normal ?*

80 % des femmes auraient des seins asymétriques. Pas de quoi s'angoisser, à moins que le déséquilibre ne saute vraiment aux yeux. Il est alors possible d'avoir recours à la chirurgie esthétique, soit pour étoffer l'un des deux seins, soit pour le rendre plus menu. Mais ici encore, pas de précipitation ! L'asymétrie, en phase de croissance, peut être temporaire.

♦ *C'est bizarre d'avoir des boutons tout autour du bout du sein ?*

Non, c'est normal. Toutes les femmes ont ces « pointillés » autour du mamelon, on les appelle les tubercules de Montgomery. Il s'agit en fait de glandes sébacées qui sécrètent une substance à l'odeur caractéristique pour chaque femme. Il ne faut surtout pas percer ces grains, ils pourraient s'infecter.

À propos du sexe féminin

♦ *Peut-on modifier la taille ou la forme de sa vulve ?*

Oui, certains chirurgiens se sont même spécialisés dans ce domaine. Ils réduisent ou augmentent la taille des lèvres, ou les « mettent à niveau » lorsque l'une des deux est plus grande que l'autre ou que les petites lèvres débordent les grandes. Avant d'envisager toute intervention, il faut attendre que la puberté soit terminée.

♦ *Le sexe féminin a-t-il une odeur particulière ?*

À l'état normal et en l'absence de tout rapport sexuel, la muqueuse qui tapisse le vagin sécrète de l'humidité et élimine les cellules à renouveler. Au niveau du col de l'utérus, de la glaire est également libérée, surtout au moment de l'ovulation. Tout cela donne donc au vagin son odeur naturelle, qui n'a rien de désagréable.

En cas de désir sexuel, le vagin se met à fabriquer une petite rosée lubrifiante destinée à faciliter le rapport, et deux autres glandes lui viennent en renfort, les glandes de Bartholin (situées entre les petites lèvres et l'hymen) et les glandes de Skene (situées autour de l'orifice urinaire). L'odeur et l'humidité libérées à cet instant sont très stimulantes pour l'homme, puisqu'elles sont le signe visible, externe, de l'excitation féminine.

♦ *Comment savoir si ses propres odeurs sont agréables ou pas ?*

Il existe un moyen tout simple : il suffit de sentir sa culotte ou d'effleurer sa vulve à l'intérieur avec le doigt et de sentir ensuite ses sécrétions. Elles sont en général le fidèle reflet de l'« ambiance » locale. Mais encore faut-il effectuer ce geste régulièrement pour comparer par rapport à soi-même et savoir si c'est habituel. Un petit nombre de femmes détestent leur odeur pourtant normale, un peu comme celles qui ne sont jamais satisfaites par leur apparence.

♦ *Peut-on utiliser un spray déodorant pour se débarrasser des odeurs ?*

Utiliser un déodorant intime, voire un protège-slip parfumé, ne ferait qu'entretenir le cercle vicieux en irritant la vulve. Le plus souvent, l'impression de mauvaise odeur est subjective. En revanche, certaines pertes vaginales anormales et abondantes ou irritations malodorantes (appelées vaginose) peuvent être traitées par un gel vaginal (Rephresh®). C'est un vrai traitement qui agit sur le pH vaginal et se présente sous forme d'applicateur à usage unique à introduire dans le vagin. Les odeurs, pertes et irritations disparaissent neuf fois sur dix, sans récidive même, après 6 semaines de traitement.

Les facteurs connus à l'origine de ces désagréments sont la fatigue, le stress, l'usage répété des antibiotiques ou antiseptiques locaux, les règles, les rapports sexuels sans préservatif (à cause de la brusque variation de pH), l'hygiène excessive (eh oui !), le port de string ou de sous-vêtements synthétiques ou trop serrés…

À propos des règles

♦ *Quel est l'âge habituel des règles ?*

Il est de 12 ans et demi en moyenne mais l'âge de 10 ans à 15 ans et demi est considéré comme tout à fait normal par les médecins. Donc pas de panique si on se sent trop précoce ou au contraire escargot par rapport aux autres filles. Ce n'est pas la course et tout le monde franchira la ligne d'arrivée.

♦ *Est-ce qu'il y a des signes qui annoncent la venue des règles ?*

L'apparition des poils sous les bras (un an après les poils sur le pubis) est un signal intéressant. En général, les règles surviennent quelques mois après.

♦ *C'est normal d'avoir des cycles irréguliers ?*

Oui, les premiers cycles sont assez souvent sans ovulation. Et ils ne sont pas nécessairement de 28 jours, ce qui signifie que le cycle suivant peu démarrer n'importe quand.

♦ *Je saigne plus que mes amies pendant les règles, c'est inquiétant ?*

Les femmes ne sont pas égales entre elles, y compris à ce niveau. Ce qui importe, c'est de se comparer à soi-même (l'abondance change-t-elle brusquement et sans raison ?).

À propos des poils

♦ *Pourquoi suis-je beaucoup plus poilue que ma meilleure amie ?*

Les filles juste un peu trop poilues ont les mêmes récepteurs hormonaux et reçoivent les mêmes qualités d'hormones que les autres. La différence s'explique soit parce qu'elles fabriquent un peu trop d'hormones mâles, soit par une sensibilité particulière à ces hormones. Celles qui souffrent d'une véritable hyperpilosité fabriquent plus de poils partout, même aux endroits inhabituels (entre les seins, au-dessus des lèvres, etc.). Quand l'excès pileux est localisé (lèvre supérieure, aisselles, jambes), il est possible d'envisager une épilation au laser sur la zone concernée (80 % de la pilosité en moins après 5 à 8 séances). Le traitement est onéreux, mais les utilisatrices disent que ça en vaut la peine. Lorsque la pilosité est diffuse, voire pathologique, le traitement à base de médicaments est préférable.

♦ *Je rêve d'une épilation du sexe au laser, c'est risqué à mon âge ?*

Un certain nombre de jeunes filles qui ont sans doute un peu trop regardé de films X veulent se refaire la vulve parce que celle-ci ne ressemble pas exactement à celle d'Ovidie. Le souci ? Au début, il n'y en a pas. Mais en vieillissant, le sexe peut devenir moins mignon et les tissus peuvent se relâcher. Aucun poil alors pour camoufler la zone distendue et ses petites imperfections (tache colorée, rougeurs, irritation)...

♦ *Peut-on s'épiler les poils sur le bout des seins ?*

Plutôt que de les arracher ou de les épiler (avec un risque d'infection), il vaut mieux les blondir à l'aide d'eau oxygénée (lotion vendue en pharmacie). Si les poils s'étendent entre les deux seins, il y a peut-être un problème médical hormonal d'hyperpilosité. Il faudra le confirmer par des analyses et peut-être une échographie des ovaires.

♦ *Les poils servent-ils à quelque chose ?*

À l'origine, les poils sont là pour attirer l'œil sur les zones érogènes et flatter les narines des garçons. Les poils sont en effet des postes avancés diffuseurs d'odeurs très appréciées ! On trouve au niveau du pubis et des aisselles des glandes sudoripares vraiment spéciales. Au lieu de sécréter une sueur banale, elles émettent une substance laiteuse et des phéromones (hormones odorantes) qui excitent la libido.

À propos de la transpiration

♦ *Comment réduire les odeurs de transpiration ?*

L'eau et le savon sont particulièrement efficaces. On peut aussi jouer sur les vêtements. Les matières naturelles comme le coton, le lin et la soie permettent des échanges d'air et limitent la transpiration. Inversement, les matières synthétiques piègent les odeurs. Une épilation régulière des aisselles est également conseillée, les poils étant des piégeurs d'odeurs. Enfin, des déodorants ou des antitranspirants peuvent prendre le relais, si nécessaire.

À propos de l'humeur

♦ *J'ai des sautes d'humeur et je ne supporte plus mes parents, c'est normal ?*

À la puberté, pendant la période de transformation, certaines adolescentes peuvent souffrir d'un changement d'humeur qui affecte les relations avec leur entourage. Ensuite, tout rentre dans l'ordre. De la même façon, certaines ados souffrent d'un syndrome prémenstruel avec une irritabilité particulière autour de la période des règles, elles ne sont vraiment pas à prendre avec des pincettes ces jours-là.

À propos de son corps

♦ *Que faire lorsqu'on est très complexée par son poids ?*

Si on se sent mal avec ça, plutôt que de se lancer dans des régimes incohérents et inadaptés, mieux vaut apprécier la situation avec des repères précis. Il faut consulter un(e) nutritionniste ou une diététicienne qui fera l'état des lieux et constatera ou pas que l'on est effectivement trop enrobée.

Cette personne objective introduite dans l'histoire diminuera les fantasmes, les conflits et, ce qui n'est pas le moindre, les erreurs alimentaires. Faire un vrai régime en pleine puberté, même si on est en surpoids, c'est entrer dans une logique de restriction intenable qui aboutit quelques années plus tard à une reprise de poids et à un cercle vicieux dont on aura du mal à sortir.

Pendant la croissance, l'alimentation doit être suffisamment diversifiée et abondante afin d'éviter la fatigue et les carences. Il faut manger de tout mais en moindre quantité, même des aliments tabous (pain, pâtes, riz), qui permettent de tenir jusqu'au soir. Un nutritionniste peut facilement faire maigrir en proposant de manger davantage mais mieux. Par exemple, en préconisant un vrai petit déjeuner, ou, le soir, un repas suffisant et équilibré, alors qu'auparavant on s'imposait une simple salade avec un yaourt. Quelle autre solution alors que de craquer sur les biscuits ou sur les chips pour compenser ? Une (ou un) ado en pleine croissance, ça doit manger !

Le joker magique pour affiner sa silhouette, c'est l'activité physique. Grâce à elle (sport, marche, vélo, ménage, escaliers montés à pied...) on augmente ses dépenses énergétiques, on stabilise mieux son poids, on fuselle ses muscles et on tonifie sa silhouette.

À consulter : www.boulimie.com, un site proposé par des psychothérapeutes qui s'intéressent à tous les troubles alimentaires (anorexie, boulimie, hyperphagie...).

♦ *C'est possible de maigrir durablement en supprimant quelques aliments ?*

Non, ce n'est pas la solution. Pour maigrir, il faut absolument manger équilibré, mais un peu moins. Et ce que l'on doit manger est plus important que ce que l'on ne doit pas manger. Les aliments « tabous », « proscrits », « interdits », sont généralement ceux que l'on aime le plus (Nutella, pizzas, chips, chocolat...). Ces aliments sont chargés d'une valeur affective, ils ne peuvent être écartés d'un revers de fourchette. Il faut donc continuer à les consommer avec modération. Sinon ? Au moindre dérapage, au plus petit craquage, on se dira : « À quoi bon, tout est foutu ! », on se lâchera vraiment et on regrossira. Pour maigrir un peu ou garder un poids stable, il faut manger de tout raisonnablement. L'une des notions récentes les plus importantes en matière de régime ou de stabilisation du poids est celle de la densité calorique, c'est-à-dire la concentration en calories d'un aliment. On s'est aperçu qu'au cours d'un repas, à apport calorique égal, mieux valait privilégier un plus gros volume de nourriture qu'un plus faible. Ainsi mieux vaut manger 200 g de viande grillée et 300 g de pommes de terre enrobées dans de l'alu que 75 g de viande en sauce et 75 g de pommes de terre saisies dans le beurre.

♦ *J'ai des zébrures rose foncé sur les cuisses, le ventre, les seins, ça se soigne ?*

Il s'agit en fait de vergetures récentes. Au départ, elles se manifestent par des petites stries violacées et légèrement boursouflées de forme variable. Puis la couleur va s'atténuer et tirer vers une teinte rosée. Au bout de quelques mois, les vergetures vont devenir plus caractéristiques, lisses et brillantes, légèrement blanches et nacrées, creusées vers l'intérieur. Elles deviendront presque invisibles ! Elles apparaissent à trois grandes occasions, les grands chamboulements hormonaux comme la puberté, la grossesse, et les prises ou pertes de poids trop rapides. C'est mécanique, la peau se distend, les fibres élastiques se raréfient et se cassent. Quand on a la peau fine et fragile, on est plus exposée que si on a une peau épaisse. Pour limiter la « casse », on peut boire abondamment pour hydrater sa peau. Il faut aussi l'assouplir à l'aide d'une crème pour le corps, à passer après la douche. Inutile d'acheter une crème spéciale antivergetures plus chère et pas forcément plus efficace. Certains lasers particuliers s'attaquent avec succès aux vergetures modérées. Ils « gomment » les lésions sans les effacer complètement. Mais le traitement est cher.

▸ Côté garçon

À propos du pénis

♦ *Tous les sexes ont-ils le même aspect ?*

Oui. Ils ont le même aspect général, mais ne sont pas identiques pour autant. La différence la plus évidente est que le sexe soit circoncis ou pas. Dans la première éventualité, la peau au-dessus du gland (appelée prépuce) a été coupée et l'extrémité du pénis apparaît arrondie. En revanche, chez les non-circoncis, la peau peut avoir plus d'importance, donner une forme allongée au sexe, comme un vêtement trop grand. La longueur du prépuce n'a aucune influence sur la qualité du rapport, mais le fait que celui-ci soit serré ou pas et qu'il soit facile ou pas à décalotter peut rendre le rapport douloureux. Si le décalottage s'avère difficile, il est nécessaire de procéder à une petite intervention.

♦ *Est-il normal que mon sexe n'ait pas la même couleur que le reste de mon corps ?*

Oui ! Le pénis et les bourses sont habituellement plus foncés. Une ligne plus brune, une sorte de couture, parcourt leur face inférieure. Il peut y avoir aussi une tache de naissance sans que cela soit inquiétant.

De même, certains garçons s'angoissent de voir apparaître sous la peau la grosse veine et les nombreux autres vaisseaux qui parcourent la verge. Il est tout à fait habituel de les percevoir.

♦ *La taille du pénis au repos est-elle proportionnelle à celle du pénis en érection ?*

Non, les petits pénis ont tendance à prendre davantage de centimètres en érection que les gros pénis, cela a été vérifié – et mesuré – par les sexologues américains Masters et Johnson.

Cocorico

En moyenne, le pénis au repos mesure entre 7 et 11 cm, avec un diamètre de 3 cm.

En érection, il mesure entre 12 et 20 cm, avec un peu moins de 4 cm de diamètre. La moyenne mondiale est de 14 cm. Bien entendu, il existe des verges plus petites (10 cm) et d'autres de 20-24 cm (format Rocco Siffredi, la star du porno). La taille définitive est atteinte à la fin de la puberté, vers 17-18 ans.

Selon un médecin espagnol, le docteur Edouardo Gomez de Diego, spécialisé dans l'allongement du sexe masculin et qui a mené son enquête au niveau international, les Français seraient les premiers sur le podium avec 16 cm de longueur moyenne en érection, suivis des Italiens et des Mexicains (15 cm).

♦ *J'ai un tout petit sexe. Quelle est la taille moyenne au repos et en érection ?*

Le pénis vu de haut en bas paraît toujours plus petit que le pénis vu de face. Voilà pourquoi les garçons ont souvent l'impression que leurs camarades en ont un plus gros que le leur. Pour vérifier, il suffit de se planter devant un miroir et de regarder le sexe en question, il paraîtra plus grand, comme le voient les autres.

Sachez que la question de la taille préoccupe près d'un homme sur trois, même s'il ne va pas consulter un médecin exprès pour cela.

♦ *En érection, mon pénis remonte vers le haut, mais chez d'autres hommes, il fait un angle droit. Ça tient à quoi ?*

L'angle du pénis avec le bas-ventre est souvent variable en fonction des personnes et il se modifie avec l'âge. Il est plus aigu chez les adolescents (pénis à la verticale) et plus relâché au cours du temps (à l'horizontale).

♦ *Est-il normal que la verge soit légèrement courbée à droite ou à gauche ?*

C'est assez habituel. Souvent, le frein du prépuce est un peu court et entraîne de ce fait une déviation dans un sens ou dans un autre. Lorsque le rapport devient douloureux ou que la courbure est si accentuée que l'acte sexuel devient mécaniquement difficile, il faut consulter un médecin, afin d'envisager une intervention chirurgicale (voir chapitre 11, p. 270).

♦ *Est-ce à cause de la masturbation que j'ai le sexe recourbé ?*

Non, la masturbation n'a rien à voir là-dedans. Il y a eu tant d'horreurs écrites sur cette pratique aux siècles passés et tant d'idées fausses transmises encore de nos jours, que les adolescents – et les adultes – continuent de culpabiliser. Ils s'imaginent, entre autres, que leur sexe peut être

« tordu » comme leurs pensées. Pourtant, il n'est jamais venu à l'idée de personne de dire que tous les don Juans ont le sexe dévié à force de s'en servir. Pourquoi l'acte solitaire aurait-il ce pouvoir ?

♦ *La taille du sexe intervient-elle dans le plaisir ?*

Il est vrai que certaines filles préfèrent des sexes plus longs ou plus larges. Mais au risque d'enfoncer des portes ouvertes, l'intensité du plaisir ressenti par l'homme et la femme n'est pas proportionnelle à la taille de son « instrument ». Les zones les plus sensibles chez la femme se trouvent d'ailleurs en surface (clitoris) ou à 4 cm de l'entrée du vagin. À la limite, un pénis de Lilliputien pourrait donc suffire à la satisfaction sexuelle.

Les tailles modestes (en longueur ou en diamètre) devraient se consoler car elles sont plus faciles à loger. À l'inverse, lorsque l'on a un sexe de gros diamètre, le rapport peut s'avérer douloureux pour la partenaire.

Une confusion fréquente : s'imaginer que son sexe est trop petit alors qu'en fait, la durée du rapport n'est pas assez longue. Les filles ont besoin de préliminaires et d'un certain temps pour ressentir du plaisir à leur tour. Lorsque c'est le cas, elles se plaignent rarement. En un mot comme en cent : la petite taille du pénis peut être largement compensée par la longueur du rapport. Comme disait Coluche, « ce n'est pas celui qui a de grandes oreilles qui entend le mieux ».

♦ *Peut-on augmenter la taille de son sexe grâce au sport ?*

Non, car il n'y a pas de muscle au niveau du pénis. Aucun exercice de musculation ne peut donc développer cette partie du corps.

À propos des testicules

♦ *Quelle est la taille habituelle des testicules ?*

Il suffit que l'on ait vu son copain sous la douche avec des testicules avantageux pour qu'on s'imagine aussitôt que les siens sont trop petits. La taille classique avoisine celle de gros marrons ou de petites mandarines, soit 4 à 5 cm de long pour 3 cm de large et 2,5 cm d'épaisseur.

♦ *A-t-on plus ou moins de sensations selon la taille des bourses ?*

Les bourses sont les poches situées sous le pénis et qui enveloppent les testicules. Leur dimension n'intervient pas spécialement dans l'intensité du plaisir. Cela dit, ces parties sont hyperréactives, car recouvertes de très nombreux récepteurs tactiles, sensibles aussi bien au plaisir qu'à la douleur. Voilà pourquoi un violent coup à leur niveau peut entraîner une perte de connaissance. Cette raison explique aussi sans doute leur nom de « précieuses », elles sont si fragiles !

♦ *Est-on moins fertile lorsqu'on a un petit pénis ou des petits testicules ?*

Oui et non. La fertilité n'est pas fonction de la taille du pénis ; mais de trop modestes testicules peuvent avoir une influence négative puisqu'ils ont pour mission de fabriquer les spermatozoïdes et les hormones mâles. Le pénis, lui, ne sert que de « tuyau » pour acheminer à bon port les spermatozoïdes.

♦ *J'ai un testicule plus haut que l'autre, ça me semble bizarre.*

Normal ! Le droit est sans doute plus haut que le gauche, mais cela n'a pas la moindre importance. D'ailleurs, la position des testicules évolue aussi en fonction des paramètres extérieurs : sous l'influence du plaisir ou du froid par exemple, ils se rétractent et remontent. À la chaleur, ils descendent. Ce mécanisme réflexe et involontaire permet de régler localement la bonne température : il faut que les spermatozoïdes soient au frais, à deux degrés au-dessous de la température générale du corps.

À propos des érections

♦ *Est-il normal que je n'aie pas encore d'érection (ou d'éjaculation) à 14 ans ?*

Ce qui importe, ce n'est pas son âge chronologique mais son âge biologique. Pour le vérifier, le médecin mesurera l'âge osseux en pratiquant une simple radio au niveau du poignet. Si l'âge osseux est inférieur à l'âge réel, c'est qu'on a de la marge, son corps est encore immature et se comporte comme s'il n'avait que 10 ou 11 ans. Tout rentrera dans l'ordre, parfois à 18 ou 19 ans, s'il n'y a pas de trouble hormonal majeur et non traité.

♦ *Je mets souvent du temps à avoir des érections. Dois-je me faire soigner ?*

Il n'y a pas de temps standard pour une érection. Celle-ci peut être instantanée ou prendre quelques minutes. Une image suggestive ou une jolie fille n'entraînera pas forcément une réaction, a fortiori une réaction immédiate. D'ailleurs, plus on s'obnubile sur son érection, plus elle risque de tarder.

♦ *J'ai tout le temps des érections. Parfois c'est gênant, puis-je les supprimer ?*

Les érections qui déconcertent sont surtout celles qui surviennent en dehors d'un contexte sexuel (à la piscine, en cours de maths, etc.). Pourtant, ces réactions sont plutôt un signe de bonne santé, il n'y a donc pas à les supprimer mais à les assumer avec... humour (« Je bande ? C'est la preuve que je suis un vrai mâle, non ? »). Curieusement, l'ennui fait aussi avoir des érections. L'esprit s'évade, il vagabonde vers des pensées plus excitantes. L'angoisse peut également provoquer ce genre de réactions, parfois même suivies d'éjaculations (en plein examen, par exemple). La tension nerveuse est telle qu'elle s'évacue de cette manière-là. Tout cela est très naturel, il n'y a pas à s'en inquiéter.

♦ *Est-il habituel de ne pas avoir d'érection le matin ?*

En général, les hommes ont des érections matinales spontanées et involontaires. Parfois, elles surviennent juste avant le réveil, voilà pourquoi elles passent inaperçues ensuite. Il peut aussi arriver que les érections disparaissent momentanément au cours d'un chagrin d'amour ou en période de grand stress. La tête est ailleurs et le corps n'y est plus non plus. Il n'est donc pas obligatoire d'avoir le sexe dur tous les matins.

À propos du sperme

♦ *Quel est en moyenne le volume de sperme émis ?*

Trois centimètres cubes environ, ce qui représente l'équivalent d'une cuillère à café. Mais si on a eu plusieurs éjaculations dans la journée ou la veille, il y en a forcément moins la fois suivante... parfois même il ne sort qu'une simple goutte. Il faut trois jours pour que l'éjaculat complet se reconstitue.

♦ *Quand j'éjacule, le sperme ne gicle pas. Pourquoi ?*

Chez les adolescents, il y a généralement un jet de sperme (visible en cas de masturbation). Avec le temps, chez l'homme adulte, la pression diminue et le jet s'amenuise. Ce dernier est associé aux contractions de l'urètre (canal qui achemine le sperme vers l'extérieur). Plus les masturbations ou les rapports sexuels sont rapprochés, plus le jet s'affaiblit. Un conseil : ne pas se laisser impressionner par les performances des stars du porno.

À propos des poils

♦ *J'ai des poils un peu partout,*
est-ce un signe de virilité ?

L'hormone mâle est la clé de la pilosité. Tous les adolescents possèdent les mêmes récepteurs hormonaux et reçoivent les mêmes qualités d'hormones. Alors, pourquoi ces différences ? Parce que chaque être humain a sa réceptivité propre, sa sensibilité particulière aux hormones. D'où des densités plus ou moins importantes du système pileux et des répartitions différentes sur le corps.

La génétique intervient sûrement dans la cartographie des poils, de même que l'origine géographique et l'appartenance ethnique. Dans certaines familles, on est poilu de père en fils, les Méditerranéens le sont plus que les Scandinaves ; inversement, les Asiatiques et les Esquimaux sont imberbes sans pour autant manquer de virilité.

À propos de la croissance

♦ *J'ai 15 ans et je ressemble encore à un petit garçon.*
Vais-je grandir tout d'un coup ?

Il peut très bien s'agir d'un retard de puberté. (Voir question p. 72, Est-il normal que je n'aie pas encore d'érection ?). Pas de raison de s'affoler, tous les événements de la puberté se déclencheront en temps et en heure, quand son corps aura 12 ou 13 ans d'âge osseux. Au final, à 18 ans, sans le moindre traitement médical, on sera comme tous les autres garçons de son âge, malgré le « retard à l'allumage ». En revanche, si la radio donne un âge osseux qui correspond à son âge réel, c'est peut-être qu'on souffre d'un petit manque d'hormones mâles, qu'il sera possible de traiter en prenant de la testostérone. Mais c'est au médecin d'envisager toutes les possibilités grâce à différents examens.

Le retard pubertaire – comme la précocité d'ailleurs – est souvent d'origine génétique. Il n'est pas rare qu'un père qui a eu sa puberté à 16 ans (ou à 10 ans) transmette cette caractéristique à son fils.

À propos de la poitrine

♦ *J'ai de la poitrine et cela me gêne*

La génétique a, ici encore, son mot à dire ; elle n'est pourtant pas la seule explication. Les adolescents ont de manière assez fréquente un gonflement des seins au début de la puberté. Dans leur jargon, les médecins parlent de gynécomastie. Si le gonflement demeure discret, il a de fortes chances de disparaître spontanément dans l'année qui suit ou dans les deux ans. S'il est plus marqué, il peut subsister partiellement ou totalement.

L'excès de poids est un facteur favorisant. En effet, les réserves de graisses se transforment en partie en œstrogènes, des hormones qui féminisent la silhouette et agissent à distance au niveau des seins.

À propos de la voix

♦ *J'ai encore une toute petite voix à 18 ans. Que puis-je faire ?*

Alors que la puberté est parfaitement normale, la voix peut rester très aiguë. Il faut alors consulter un médecin spécialisé, le phoniatre. Les raisons de ce décalage entre le corps et la voix (appelé « mue faussée ») sont souvent d'ordre psychologique ; parfois, il s'agit d'un refus de grandir, un peu comme si la voix s'accrochait aux derniers vestiges de l'enfance. Quelques séances d'exercices précis permettent le plus souvent de guérir de manière spectaculaire.

La voix enfantine n'a rien à voir avec des tendances homosexuelles, c'est souvent une inquiétude que l'on a sans oser l'avouer. Si c'était le cas, la plupart des homosexuels auraient la voix haut perchée, ce qui, bien sûr, n'est pas vrai.

3.

L'amour en tête

Je ne pense plus qu'à ça

Vous êtes-vous jamais posé cette question : pourquoi, à la puberté, le sexe opposé devient-il un sujet de préoccupation essentiel au point que certains se découvrent une âme de chasseur ? Auparavant, l'autre sexe, on n'y pensait pas spécialement, en tout cas, pas de cette manière-là. On était plutôt mieux entre soi, avec les copines ou les copains. Alors, à quoi rime ce grand chambardement ?

Avec la puberté, toute la « logistique » est mise en place pour la sexualité adulte, le plaisir et la procréation. C'est une question de survie de l'espèce : il faut se reproduire. Le cerveau lui-même a été sexualisé en profondeur par les hormones, ce qui va avoir des conséquences sur les plans psychologique, émotionnel et affectif. Les filles ou les garçons deviennent attirants, désirables ou, au minimum, dignes d'intérêt. Et les fantasmes vont bon train.

Les hormones mâles comme la testostérone sont sécrétées tous les jours (beaucoup chez les garçons, nettement moins chez les filles). Ce sont de véritables hormones du désir ; la preuve, lorsqu'on n'en fabrique pas assez, l'intérêt sexuel – appelé la libido – diminue. La testostérone participe aux fantasmes et à l'érotisation. Cela dit, l'Homme avec un grand H n'est pas un animal comme les autres, son esprit est capable à lui seul de créer du désir ou de le réprimer.

C'est un beau roman, c'est une belle histoire

La sexualisation des comportements démarre en fait très tôt, mais de manière silencieuse. À 3 ou 4 ans déjà, les petites filles jouent plutôt à la poupée et les petits garçons, plutôt à la guerre, aux voitures ou au ballon. Elles sont déjà dans le maternage ; les garçons, dans l'action, le défi et la compétition. Tout le monde se retrouve pour jouer « au docteur » ou pour s'amuser comme « papa et maman ». L'identité sexuelle se construit ainsi, par le jeu et l'imitation, en testant le rôle que l'on occupera plus tard.

À l'adolescence, le phénomène s'accentue nettement. La famille n'est plus le centre d'intérêt principal, c'est la bande et les copains qui occupent cette place. Dès l'âge de 12 ou 13 ans, les filles se mêlent aux garçons. Les couples commencent à se former. On « sort avec... ». Le plus souvent d'ailleurs, il n'est pas encore question de sexe. On s'embrasse, puis on se caresse et on se découvre mais... rarement au-dessous de la ceinture. Pourtant, les pulsions existent fortement.

Sortir avec, ou coucher ?

Est-ce parce que les filles sécrètent beaucoup moins d'hormones mâles que les garçons qu'elles sont moins portées sur le sexe, et plus sur la recherche d'attention et de tendresse ? Une chose est sûre en tout cas, avec les transformations de leur corps, elles cherchent à vérifier leur pouvoir d'attraction. La libido qui s'éveille chez elles se manifeste par l'envie de « sortir » avec les garçons, alors qu'eux ont envie de faire l'amour avec les filles, ce qui n'est pas tout à fait pareil. Elles veulent avant tout prouver leur féminité et l'éprouver. Les garçons, eux, veulent prouver de quoi ils sont capables, vérifier qu'ils fonctionnent bien sexuellement. D'où le décalage.

Il faut savoir que côté masculin, les érections se multiplient spontanément et la masturbation devient plus régulière. Pour la première fois, les garçons réalisent vraiment que leur pénis n'est pas seulement un « robinet », mais une source de plaisir extrêmement efficace. Cette constatation s'accompagne de fantasmes et de rêveries autour d'images concrètes, prenant souvent le visage d'une fille de la classe ou de la bande. Fille ou garçon, vous avez sans doute observé tout cela...

Les premières expériences amoureuses développent une confiance en soi. On découvre le bonheur d'aimer et d'être aimé en retour, de se comprendre sans se parler. On possède un double de soi, avec qui on peut enfin s'exprimer d'égal à égal, sans rapports de force comme dans sa famille ou comme dans la bande. À côté de cela, sans le savoir, on consolide son identité sexuelle et on se sent vraiment une femme ou un homme à part entière.

Le calendrier de la découverte amoureuse

Une équipe d'une dizaine de chercheurs français a épluché la sexualité de 12 000 personnes âgées de 18 à 69 ans et qui ont accepté de parler de leurs pratiques sexuelles, de leurs choix sexuels (hétéro ou homo), de leurs difficultés (pannes sexuelles, violences...), des rencontres sur Internet, etc. Résultat : l'étude *Contexte de la sexualité en France* réalisée en 2006 et publiée en 2008 bouscule bien des idées reçues, notamment sur la sexualité des jeunes. Le parcours amoureux des ados n'a plus rien à voir avec celui de leurs parents, même si l'âge du premier rapport sexuel demeure le même.

Ces données chiffrées vous paraîtront peut-être un peu froides, surtout s'agissant d'expériences amoureuses, mais elles ont le mérite de donner des points de repère. Et puis, lorsqu'on se promène sur les forums et sur les chats, on s'aperçoit que l'obsession première, c'est la normalité par rapport aux chiffres : « À 22 ans, je n'ai toujours pas fait l'amour, suis-je normal ? », « J'ai peur de franchir la ligne blanche, et pourtant toutes les filles de ma classe l'ont fait… », « À 19 ans, c'est normal de ne pas avoir envie de sexe ? », « À 15 ans, c'est normal de ne penser qu'à ça ? »… Alors allons-y, parlons chiffres, mais introduisons un peu de tendresse et de recul.

Je ne suis pas dans la moyenne !

Les chiffres issus des statistiques ne sont pas des normes auxquelles il faut coller absolument. Ceux-ci doivent être relativisés. Il n'est pas obligatoire de « rouler sa première pelle » à 13 ans ou de passer aux « travaux pratiques » à 17 ans. On n'est pas un demeuré parce qu'on a un peu de retard. On n'est pas non plus un obsédé ou une bête de sexe parce qu'on est un peu en avance sur la moyenne nationale. L'important, au fond, c'est de le faire avec la bonne personne, au bon moment… et sans mauvaise conscience.

Que signifie la moyenne ? Pas grand-chose. Prenons l'exemple de la moyenne de ses notes, on peut avoir un 3 et un 17 dans une matière, ce qui fait une moyenne de 10. Très mauvais, excellent… tout ça pour finir moyen ! Transposons au premier rapport : les âges peuvent être très précoces ou très tardifs pour donner la moyenne de 17 ans. Ceux qui l'ont fait avant ou après cet âge moyen ne sont pas anormaux pour autant ; ils ont été pris en compte dans le calcul de la fameuse moyenne.

Pourquoi les filles cherchent-elles le prince charmant, et les garçons la femme idéale ?

Ces contes qui ont forgé notre imaginaire d'enfant vont bien au-delà de la simple historiette. Ils sont l'image et la traduction idéalisées de toute existence. Le prince charmant est un sauveur. Mais que sauve-t-il ? L'époque n'est guère aux princesses enfermées dans leur tour d'ivoire... Eh bien, il sauve les rêves, les désirs, les souhaits de la jeune fille endormie, empêchés par les interdits et par l'éducation. La princesse est en difficulté et le prince vient lui rendre justice ou lui redonner confiance. Grâce au garçon qui l'aime, elle va se sentir belle, aimable, capable, digne d'intérêt, ce qu'elle ne ressent pas toujours dans sa famille. Et même si dans la famille, les parents disent qu'elle est belle et digne d'intérêt, elle trouvera ça normal, ce sont ses parents. Ce qu'elle veut, la princesse, c'est plaire à un autre.

Si le mythe existe avec une telle force, c'est aussi à cause du complexe d'Œdipe décrit par Freud, le fameux psychanalyste viennois. Complexe, en psychologie, ne signifie pas malaise physique mais conflit psychique. Celui-ci apparaît dans l'enfance, entre 3 et 7 ans environ. Ce vrai drame se joue à trois personnages : le père, la mère et l'enfant. Le petit garçon est amoureux de sa maman et veut l'épouser (pour la petite fille, c'est de son papa). Cet amour est impossible, donc interdit. De là naît une rivalité avec le parent du même sexe et une souffrance, mais une souffrance nécessaire pour grandir. S'il n'avait subi ce premier échec, comment l'enfant pourrait-il désirer ailleurs ? Cette insatisfaction et cette frustration (non perçues de manière consciente) vont lui servir d'aiguillon dans l'existence et lui permettre d'attendre la Princesse (ou le Prince). Bien sûr, aucun adolescent ni adulte ne garde de souvenir précis de cette première histoire d'amour avec son parent (sauf en psychothérapie) ; cette amnésie touche chacun de nous, elle est nécessaire pour avancer dans la vie et se détacher de ses parents.

La première séparation entre le garçon et sa mère ou la fille et son père peut avoir des conséquences sur sa vie amoureuse future et même ses choix. Si l'enfant n'a pas été satisfait de la façon dont la séparation s'est opérée, il peut très bien choisir inconsciemment un futur partenaire qui ressemble à son parent (même intonation de voix, mêmes rondeurs, même douceur, même humour, même autorité, etc.) ou, au contraire, qui sera son opposé : « Tout sauf papa ou maman ! »

Le premier baiser

Il est donné vers l'âge de 13-14 ans (16 à 17 ans pour la génération des grands-parents). Cet âge se télescope avec les premières règles pour les filles et la masturbation pour les garçons. On peut sortir avec quelqu'un le temps d'une soirée, un jour ou deux, une semaine, peut-être deux si c'est du sérieux.

De toute façon, les statistiques indiquent qu'on ne couchera pas avec son premier copain ou sa première copine, ni avec les suivants. On se contentera d'embrasser. Les caresses viendront deux ans après, en moyenne. Cette longue période d'amitiés amoureuses, de baisers-caresses, durera au total trois ou quatre ans. Elle permet d'apprivoiser le contact avec l'autre, d'apprendre à s'aborder, à se séduire, à s'aimer et à se quitter.

Les filles craquent de préférence pour le copain de classe ou de la bande qui deviendra le « petit copain », tandis que les garçons font de leurs « ex-petites copines » leurs amies, une fois qu'ils ne sortent plus avec.

La première fois

Elle a lieu vers 17 ans et 3 mois pour les filles, 17 ans et 6 mois pour les garçons, avec une personne rencontrée au lycée ou à la fac, en soirée ou en vacances.

L'amour ne se passe plus dans les voitures ou dans la nature comme dans la génération des parents, mais dans 70 % des cas au domicile de l'un ou de l'autre. Entre 15 et 18 ans, la moitié des jeunes auront déjà fait l'amour. Les filles préfèrent s'abandonner à des garçons plus mûrs, parfois beaucoup plus âgés, mais aussi plus expérimentés.

La première fois et la « cool attitude » des parents

Plus les filles sont surveillées et doivent rendre compte de leurs sorties, plus elles démarrent tard leur vie sexuelle. Les filles qui n'avaient pas le droit de sortir avant 18 ans ont eu leur premier rapport vers 18,8 ans ; celles qui devaient demander l'autorisation chaque fois ont eu ce rapport un an plus tôt. Et celles qui devaient simplement dire où elles allaient et quand elles rentraient ont commencé presque deux ans plus tôt. Cela explique peut-être pourquoi certains parents s'obstinent à tenir les filles à la maison quand ils ne veulent pas les voir grandir trop vite (ou rencontrer le grand méchant loup trop tôt ?). Les règles et les interdits demeurent assez dissuasifs.

Tout aussi étonnant, les enfants du divorce ont une vie sexuelle plus précoce que ceux qui vivent dans une famille unie. Peut-être parce qu'ils sont plus autonomes plus jeunes.

Source : enquête CSF 2006. Les âges donnés sont des âges médians et non moyens, c'est-à-dire que la moitié des personnes ont eu leur premier rapport à tel âge, etc.

Était-ce le bon moment pour ce grand plongeon ? Oui, répondent 62 % des femmes et 59 % des hommes interrogés dans l'enquête CSF 2006.

Toutefois, 16 % des femmes et 7 % des hommes avouent qu'ils auraient souhaité que le rapport ait lieu plus tard. 1,3 % des femmes n'avaient pas du tout envie du rapport et 1,7 % ont été forcées à l'avoir.

Les chiffres à venir sont peut-être encore plus intéressants, en tout cas ils peuvent rassurer bon nombre d'ados : 25 % des filles et 21 % des garçons n'ont pas encore eu de rapports sexuels à 18-19 ans. Ça signifie une fille sur quatre et un garçon sur cinq ! Cette proportion diminue naturellement avec le temps : dans la catégorie des 20-24 ans, 13 % de filles et 8 % de garçons n'ont pas encore eu de rapports sexuels. Avant 30 ans, il ne reste plus que 3 % des femmes et 4,5 % des hommes qui n'ont jamais fait l'amour (avec pénétration). À 40 ans, ce chiffre tombe à moins de 1 % pour les deux sexes.

Pourquoi certains n'osent-ils pas franchir le pas ? Ils ne se sentent pas prêts, ils ont peur, ils sont terriblement complexés, ils n'ont pas rencontré l'âme sœur, ils ont des convictions religieuses, ils sont polarisés sur les études ou sur le sport...

La première expérience est presque toujours hétérosexuelle. Seulement 0,4 % des femmes et 1,4 % des hommes ont eu leur premier rapport avec une personne de même sexe.

Les filles font souvent attendre les garçons avant de franchir le pas. C'est pour elles une épreuve de vérité, la preuve que le sentiment amoureux existe, qu'il est fort et sincère, plus fort encore que la frustration de l'attente. Avec le temps naît la confiance nécessaire. Comme on se connaît mieux, on sait à quoi s'attendre ; enfin, si on a beaucoup attendu, on peut espérer que cette première histoire va durer plus longtemps.

Amoureux ?

Six filles sur dix rattachent l'acte sexuel aux sentiments et doivent se sentir un minimum amoureuses pour passer à l'acte. Certaines se disent que si elles ne donnent « rien de concret », leur ami ira voir ailleurs, pour vivre une aventure sexuelle plus engagée. Elles franchissent aussi ce cap pour d'autres raisons : par désir sexuel ; parce qu'« il faut le faire », les copines l'ayant déjà fait ; pour la transgression de l'interdit ; par provocation à l'égard des parents ; pour affirmer leur pouvoir de séduction. Pour toutes ces raisons à la fois...

Côté garçon, pour six d'entre eux sur dix, l'impulsion de départ est avant tout le désir, la curiosité ou l'envie d'épater les copains. L'envie aussi de se prouver à soi comme aux autres sa virilité. La partenaire est souvent du même âge.

La première relation dure généralement plus longtemps chez les filles que chez les garçons, elle est souvent fondée sur la fidélité. Un(e) seul(e) ami(e) à la fois en principe. Cela ne signifie pas que l'on se soit juré l'amour pour toujours. On aime de manière transitoire, plusieurs fois.

Les garçons ne rêvent-ils que de sexe, les filles que d'amour ?

Quelqu'un a dit : « Pour être aimée, une femme est prête à tout, même à faire l'amour ; pour faire l'amour, un homme est prêt à tout, même à aimer. » Clément, 16 ans, confirme : « La première fois, c'est plus important pour une meuf que pour un gars. À partir de 15 ans, si une occasion se présente, un mec n'hésite pas longtemps. Tandis que, pour une fille, c'est comme un jardin secret qu'elle n'a jamais ouvert à personne : elle n'y fera pas entrer n'importe qui. » Il y a sans doute du vrai là-dedans. Cela dit, si l'on s'en tient au discours des filles et des garçons, un certain nombre d'entre elles disent ne pas être amoureuses la première fois et un certain nombre de garçons disent l'être !

L'important, c'est que chaque relation est unique et n'a que faire des moyennes statistiques. Par ailleurs, rien ne prouve que le sentiment ne viendra pas au fil du temps ou au cours des relations suivantes. Beaucoup de garçons revendiquent la tendresse et l'amour. Tout est parfois question d'instants ou de rencontres. Il y a sans doute des moments où l'on est amoureux, d'autres où l'on désire physiquement. Entre ces deux cas de figure, tout est possible, comme le montre ce témoignage d'Adrien (15 ans) : « Je sors avec deux filles à la fois. J'ai du désir pour les deux, mais celle dont je suis amoureux ne me donne pas confiance et me stresse, tandis que celle que je n'aime pas ne me fait pas du tout peur et, avec elle, je me sens bien. »

Qu'est-ce qui t'attire surtout chez l'autre ?

Côté garçon	Côté fille
La beauté : 89 %	La gentillesse : 83 %
La gentillesse : 72 %	La confiance : 74 %
La confiance : 54 %	L'humour : 69 %
L'intelligence : 49 %	La beauté : 63 %
Pouvoir parler ensemble : 48 %	Pouvoir parler ensemble : 63 %
L'humour : 44 %	L'intelligence : 34 %
La façon de s'habiller : 33 %	La façon de s'habiller : 33 %
L'originalité : 26 %	L'originalité : 29 %
Qu'elle ait les mêmes idées que moi : 17 %	Qu'il ait les mêmes idées que moi : 16 %

Source : sondage réalisé par l'Institut ABC + pour *L'Express* et *Science & Vie Junior* sur 618 jeunes de 13 à 18 ans en novembre 2000.

Amoureux ou simplement attiré ?

Il n'y a pas de preuve, ni heureusement aucun dosage hormonal pour le savoir ! On peut dire de manière très simple que l'amour existe lorsque celui ou celle qu'on aime occupe tout son esprit : « Matin, midi et soir, en classe, en écoutant de la musique, je ne pense qu'à elle, je ne vois qu'elle », « Pour le voir une heure, j'ai traversé tout Paris en métro », « J'ai eu le coup de foudre, depuis, je n'avale plus rien, je ne mange plus de chocolat, et je ne parle plus que de lui », « Dès qu'on se quitte, on s'appelle et on reste pendant des heures au téléphone »... Pour tout dire, on ne s'imagine pas vivre sans l'autre.

L'attirance physique, c'est autre chose. On a envie d'un garçon ou d'une fille, mais cela n'empêche pas d'en désirer un(e) autre et de penser à autre chose ensuite. C'est un sentiment plus léger...

Est-il normal de se séparer très vite ?

Il n'y a pas de norme en ce domaine, on peut rester longtemps avec son amoureux ou sa copine comme on peut s'en séparer au bout d'une soirée (ce qui est plus fréquent au début de sa vie amoureuse). De la même manière que l'on a besoin d'apprendre son corps, il faut bien apprendre l'amour. Voilà pourquoi les petit(e)s ami(e)s défilent à un rythme parfois très rapide. On (se) teste, on essaie, on s'entraîne. Avec lui, c'est le premier baiser, avec le suivant, le baiser avec la langue, avec l'autre encore les caresses au-dessus de la ceinture, puis au-dessous, etc.

Les réflexions et remarques faites par chaque fille ou chaque garçon au départ de sa vie sentimentale serviront avec la nouvelle conquête... Les parents – lorsqu'ils sont au courant de ces valses-hésitations – se désolent de cette infidélité chronique ou s'en amusent. Mais, à l'adolescence, ce manège amoureux n'a rien de futile. Il finit par donner une vraie maturité dans ce domaine. Grâce aux expériences renouvelées, grâce à la « préparation » psychologique, affective et émotionnelle, on devient capable de tomber amoureux plus sereinement et plus longuement à l'avenir. On gagne en assurance. On apprend parfois à dire « Je t'aime » (déclaration essentielle pour les filles qui ont besoin de l'entendre plutôt que de le deviner !) et on laisse au placard sa pudeur ou sa crainte du ridicule aux yeux de la bande.

Normal d'avoir plusieurs histoires en même temps ?

Avoir plusieurs histoires simultanées rejoint un peu la question précédente, c'est la manière que choisissent les séducteurs (en général ce sont plutôt les garçons) pour apprendre plus vite. Avec l'une, ils découvrent telle facette du désir, avec l'autre tel sentiment ou telle expérience. Peu à peu, les pièces du puzzle s'emboîtent. Et, reconnaissons-le, quel bonheur d'être aimé par plusieurs filles d'un seul coup ! Le regard de l'autre permet de s'aimer soi-même et de se sentir bien dans sa peau. Lorsqu'on démarre sa vie amoureuse, il peut être tentant de tester toutes les situations. C'est après seulement, avec le temps, qu'on mettra de l'ordre dans ses sentiments, qu'on établira des priorités et qu'on évaluera les conséquences de ses actes. L'infidélité peut aussi conduire à la perte de confiance de son amie et à la rupture, on l'apprendra à ses dépens. Et on vivra peut-être alors un vrai chagrin d'amour.

Qui doit faire le premier pas ?

Il n'y a pas de règle. Tout dépend du contexte, de sa timidité, du garçon ou de la fille avec qui l'on souhaite sortir. Le sondage pour *L'Express-Science & Vie Junior* déjà cité montre que, selon les garçons, ce sont plutôt eux qui font les premiers pas : 47 % (plutôt les filles, 15 % ; plutôt les deux, 38 %).

Mais, à l'heure de l'égalité homme-femme, il reste très dur de bien draguer sans risquer de « se faire jeter ».

Les filles décidées à faire le premier pas doivent souvent surmonter une difficulté de poids, séduire le garçon... mais aussi sa bande. Elles devront prendre le risque d'essuyer petites réflexions et ricanements, surtout surmonter la difficulté d'être considérées comme des « allumeuses » ou des filles infréquentables parce qu'elles expriment leurs sentiments ou leur désir. Celles qui s'y aventurent savent que, pour séduire à un garçon, il faut *le ra-ssu-rer*, lui montrer qu'il est intéressant, fort, capable et irrésistible. Elles savent aussi que pour arriver à leurs fins, mieux vaut faire croire au prince charmant que c'est lui qui décide, qu'il est le maître du jeu. Les garçons ne sont pas farouches a priori. Craquer, pour eux, c'est viril et valorisant.

Car eux doivent affronter des filles de plus en plus exigeantes. Pour leur plaire, il faut à la fois assurer physiquement, intellectuellement et, en prime, faire rire... Il faut du second degré, de l'ironie, bref déployer l'artillerie fine.

Les garçons n'ont pas toujours confiance en eux, surtout devant les copains. Et... ils ne voient pas pourquoi ce serait toujours à eux de faire le premier pas ! Au boulot, les filles !

Où, quand, comment rencontrer et séduire ?

Les lieux classiques de rencontre, on les connaît bien : en vacances, au bon vieux café, au lycée, à la fac, à la cantine, au boulot, dans les boîtes de nuit, au cours de soirées, et sur le Net...

Les filles utilisent volontiers la voix des copines pour faire savoir qu'elles sont « in love ». SMS et allusions sur Facebook font aussi l'affaire. Sans parler des regards langoureux, des propositions de faire les devoirs ensemble, des soirées ou anniversaires organisés exprès pour capturer l'amoureux qui n'y voit que du feu.

Côté garçon, la première difficulté est d'engager la conversation.

Toutes les entrées en matière sont possibles : « On ne se serait pas déjà rencontrés dans un rêve ? », « T'as de beaux yeux, tu sais », « On prend un café ? », « Il y a quelque chose qui me ferait vraiment plaisir : ton 06 ! ». Ou, encore plus direct : « T'es trop belle, j'aimerais sortir avec toi. » On n'est pas obligé d'être original, parfois mieux vaut enfoncer les portes ouvertes et clairement déclarer ses intentions. Selon la personne à qui l'on s'adresse, le lieu et l'instant, on la fera éclater de rire et ce sera le prélude à la discussion ou, au contraire, ces propos paraîtront d'une affligeante banalité, voire d'une vulgarité insupportable, et l'on se fera rire au nez. Une chose est sûre : qui ne risque rien n'a rien. La botte secrète : dire à l'élue qu'on la trouve unique, exceptionnelle, qu'elle ne ressemble à aucune autre, et surtout, ne pas la considérer comme une simple « paire de seins ou de fesses ». Si l'on paraît sincère (et encore mieux si on l'est), on augmente ses chances de réussite.

À ne pas faire : jouer les don Juans de bazar, décréter qu'il suffit de « claquer les doigts pour avoir une nana », se vendre comme « un pro du sexe », affirmer pour la flatter « ne sortir qu'avec des canons ». Ça fait un peu trop prétentieux, même si c'est vrai (qu'on ne sort qu'avec des canons !).

Où sont les filles ?

Si vous avez 14 ou 15 ans, vous avez peut-être remarqué qu'il était difficile de sortir avec une fille, tout simplement parce qu'elle était déjà prise. Normal, la concurrence est rude avec les aînés qui raflent tout. Des études prouvent que les filles font l'amour pour la première fois avec un garçon de trois ans plus âgé (son expérience les rassure), il reste donc seulement une fille de votre âge disponible pour deux garçons, alors que chaque fille peut trouver chaussure à son pied. Injuste, cruel, mais mathématique, hélas !

4.

Les autres et moi

La famille

Avec les débuts de l'adolescence, la vraie vie est ailleurs, loin du cocon familial. Plus rien n'est comme avant. On ose ne plus plaire à papa-maman et on affirme ses désirs, ce qui se traduit par des étincelles et des revendications en tout genre.

Look, sorties, copains et amis, musique ou sport occupent désormais la première place. C'est normal, dans l'ordre des choses. Mais, comme toujours, il y a des exceptions : certains ados n'osent pas sortir du rang, ils rongent peut-être leur frein ou rêvent de passer un jour à l'action. Ceux-là feront leur crise d'adolescence à 18 ans ou à l'âge adulte...

Cela dit, vous êtes-vous jamais demandé comment les parents vivaient ces transformations, comment ils ressentaient cette nouvelle et peut-être dernière rupture du cordon ombilical ? Pour une fois, mettez-vous à leur place, vous comprendrez un peu mieux certaines de leurs réactions...

Ils ne sont plus des héros

Les parents élèvent leur enfant, l'accompagnent à chaque moment important de son existence et certains prétendent même n'avoir vécu que pour lui. Tout naturellement, au collège, puis ensuite au lycée, les centres d'intérêt de leur progéniture changent, les confidences s'espacent, les sorties se multiplient. Les parents répètent à leur ado : « Tu n'es pas à l'hôtel ! » Lui répond : « Je ne suis pas votre esclave ! » Tout est prétexte à discussion, négociation, argumentation, remise en question, opposition... Épuisant !

Même si les parents comprennent l'attitude de leur ado, ils ont un peu la nostalgie de ce temps où leur « bébé » était leur complice et... facile à manier ; où il les admirait gratuitement, et sans condition (« Mon papa, il est plus beau, plus fort, plus... que le tien »). Voilà qu'à présent, ils ne sont plus des héros et que leur avis peut être discuté, critiqué, voire ignoré.

C'est en s'opposant que l'ado se sent exister. C'est en trouvant sa propre place qu'il devient lui-même, donc forcément différent de ses parents.

Cette étape d'affirmation de soi se fait plus ou moins en douceur selon la personnalité de chacun et la famille dont on veut se démarquer. Parfois, la rupture se limite à une simple prise de distance, d'autres fois, à une véritable guerre ouverte : piercing, tatouage, tenues de « bombe », cheveux teints, engueulades, petits délits, tout est bon pour dire sa révolte et sa différence.

Beaucoup d'ados refusent de ressembler à leurs parents ou de devenir comme eux. « C'est trop l'angoisse ! » disent-ils. Ils ne se gênent pas pour faire remarquer qu'à 40 ans (âge canonique !), les parents sont dépassés, incapables de faire du sport, d'écouter de la (vraie) musique ou d'être encore sensibles aux causes qui en valent la peine (le sauvetage de la planète, l'indignation généralisée, la libération du Tibet, la libéralisation du cannabis...).

Ces parents prennent donc en pleine figure l'enthousiasme et la quête d'absolu de leur ado, ils s'aperçoivent que leurs idéaux se sont un peu émoussés avec les années (parfois beaucoup).

Ils voient bien qu'ils sont moins dans la passion et la légèreté, trop dans les contraintes ou la peur (de la maladie, de la mort, de perdre ce qu'ils ont). Ils ont appris à peser le pour et le contre, à voir le revers de la médaille, à réfléchir avant d'agir, à avoir peur de leurs désirs. Certains adultes mesurent alors qu'ils ont été infidèles à eux-mêmes et ce constat n'est pas facile. C'est ainsi que l'amertume, l'agressivité ou la distance peuvent s'installer entre les deux générations.

Ils refusent de vieillir

Certains parents refusent aussi de s'apercevoir que leur enfant a grandi. Pas pour l'embêter ni abuser de leur pouvoir, mais pour ralentir le temps « personnifié » par leur enfant. Plus ils le traiteront comme un bébé immature, plus le temps leur paraîtra figé. Et plus ils se sentiront jeunes. Illusion éphémère.

D'autres parents mesurent intellectuellement que leur ado devient un adulte, mais ils ne le comprennent pas émotionnellement. Ils acceptent son besoin d'autonomie mais souffrent dans le même temps de se sentir rejetés. C'est là que l'on entend ces petites phrases assassines comme : « Avec tout ce que j'ai fait pour toi ! »

Les relations en famille se compliquent avec l'arrivée plus ou moins officielle des premier(ère)s petit(e)s ami(e)s. Les parents ont la quarantaine, leur enfant moitié moins au maximum. Eux ont une famille, une maison, un métier (sauf crise monumentale, chômage et accident de parcours bien sûr).

Bref, ils se sont taillé leur place dans la société, ils savent ce qu'ils veulent et ne veulent plus, ils ont bien moins la crainte de construire leur avenir. Dans tous les cas, ils rêvent de retrouver l'insouciance et la légèreté de l'adolescence... en conservant les acquis, voire la sérénité de l'âge adulte. Mission impossible évidemment. Et lorsque leur ado se met à fréquenter un garçon ou une fille, ils revivent à leur manière ces émois révolus. Du coup, sans le savoir, ils peuvent entrer en compétition avec lui et se poser en rivaux. Non pour séduire l'ami(e) à sa place évidemment (ce n'est pas sexuel), mais le père pourra faire une réflexion sur la façon dont son fils mène ses aventures ou lancer une remarque vexante sur son inexpérience ; la mère ne sera pas en reste : elle trouvera la petite amie fadasse, mal élevée ou provocante... Certaines réactions paraissent excessives ou incompréhensibles à cause de cela, à cause de cette nostalgie persistante.

Les choses peuvent aussi se passer très bien de ce côté-là. Et même un peu trop bien. Les parents investissent la relation de leur enfant avec le ou la petit(e) ami(e), ils encouragent la fabrication d'un vrai petit couple, et lorsque l'amourette bat de l'aile, les voilà tristes, voire déçus. L'ado se sentirait presque obligé à la fidélité ou à la persévérance pour faire plaisir à ses parents, ce qui n'est évidemment pas le but du jeu. Les amours adolescentes sont vouées à être éphémères, et c'est ainsi que les jeunes apprennent l'amour, en s'aimant puis en se quittant. Quitte à souffrir un peu. Ça aussi, c'est la règle du jeu.

Comment négocier les sorties

Lorsqu'un ado commence à vouloir voler de ses propres ailes, les parents ont beau se raisonner, ils s'inquiètent. Les pièges qu'ils redoutent (parfois à juste titre) ne manquent pas : mauvaises fréquentations, alcool, tabac, drogue, sexualité, violence... Ils balancent entre la fermeté et la nécessité de lui laisser un peu d'autonomie ; entre le besoin de poser des limites et celui de lui faire confiance.

Si vous souhaitez sortir, il est naturel qu'ils posent quelques questions, ce n'est pas un abus de pouvoir : où ? Avec qui ? Jusqu'à quelle heure ?

D'ailleurs, avouez-le, s'ils acceptaient toujours vos demandes sans s'inquiéter de quoi que ce soit, vous prendriez un peu cela pour de l'indifférence, non ? Et sans aucune limite, quelles raisons auriez-vous de rentrer ? Par ailleurs, les circonstances comptent aussi : s'il y a un contrôle le lendemain ou trop de mauvaises notes, il est bien naturel de freiner vos envies. Il y a le principe de plaisir et celui de réalité, les adultes non plus ne font pas tout ce qu'ils veulent dans la vie.

Autre principe important, celui du donnant-donnant. Si vous ne faites aucun effort de votre côté (pas un sourire, pas un menu service à la maison, pas de travail scolaire), il est compréhensible que vos parents soient réticents à vous faire plaisir.

Les règles du jeu (pour les moins de 18 ans)

Pour obtenir l'autorisation de sortir, voici quelques trucs auxquels les parents sont très sensibles. Avant tout, choisir le bon moment. S'ils sont énervés, ce n'est même pas la peine d'y songer. Plutôt que de s'adresser au couple qui fait clan et se soutient, aller d'abord voir sa mère (ou son père), bref celui qui habituellement craque plus facilement.

La négociation elle-même s'articule autour de plusieurs impératifs dont il faut tenir compte : avant tout, les horaires à respecter. 11 heures, minuit, 1 heure... tout dépend de son âge et des circonstances (surveillance des parents qui invitent, possibilité d'être raccompagné, réveillon, etc.). Si on ne respecte pas le « contrat », les parents risquent d'être méfiants pour un moment, on ne pourra s'en prendre qu'à soi-même. Les ados ont un portable, il n'est pas si compliqué de s'en servir en cas de changement de dernière minute.

Ensuite, chaque famille a des points sur lesquels elle se sent incapable de céder, comme par exemple un retour en moto ou en mobylette jugé trop dangereux en pleine nuit et en hiver ; il faut bien admettre cette limite infranchissable, sachant que le reste peut être discuté. Inutile d'argumenter que le grand frère (de 18 ans) ou les parents ont le droit de sortir et pas soi. Il est clair que la relation n'est pas « symétrique ». Un adulte a pour devoir d'éduquer son enfant et de lui indiquer les limites, pas de céder sur tout. De plus, il fait des choix en connaissance de cause, alors que l'ado a sans doute encore des choses à apprendre.

En cas de refus catégorique de sortir

Après s'être calmé, se poser honnêtement cette question : « Si j'avais été à sa place (et sachant ce que je sais), aurais-je accepté de me laisser sortir ? » Si surprenant que cela puisse paraître, la réponse est assez souvent... *non* !

♦ *Faut-il confier à ses parents ses histoires de cœur, leur avouer qu'on « l'a fait » ? Et d'ailleurs, peuvent-ils s'en rendre compte tout seuls ?*

Il n'est pas inscrit sur votre visage que vous avez franchi le grand pas. Ce qui transparaîtra peut-être, c'est votre rayonnement intérieur, votre libération si tel est le cas, ou alors votre culpabilité et votre gêne. Mais vos parents, si intuitifs soient-ils, ne sauront pas forcément pourquoi vous êtes comme cela.

Quant au reste, aux confidences, à vous de voir et de choisir. Si vous avez envie d'en parler, ne vous gênez pas. Mais vos parents, eux, ne doivent rien exiger de vous sous prétexte qu'en famille « on doit tout se dire » ou qu'on a toujours été « complices ». Il s'agit de votre jardin secret, de votre « territoire intime ». C'est une question de pudeur, et vous n'êtes pas obligé de tout partager. Il est bon que votre famille respecte une certaine distance à ce propos, ce qui ne l'empêche pas de vous écouter lorsque vous ressentez le besoin de poser des questions.

Et si vous n'avez jamais eu de complicité avec vos parents sur ce terrain affectif, pourquoi faudrait-il justement commencer à l'adolescence ?

♦ *Ma petite amie peut-elle téléphoner à la maison, venir dîner, dormir ou passer le week-end avec moi ?*

Quand la réponse vous semble délicate ou incertaine, posez à vos parents des questions ouvertes : « Tiens, j'ai une petite amie... » et attendez de voir ce qui se passe. S'ils ont l'air intéressés, contents pour vous, vous pouvez avancer dans la discussion. S'ils se ferment, deviennent agressifs ou inquisiteurs, c'est mauvais signe, faites machine arrière, sans plus rien demander ni dévoiler.

La question de l'âge a son importance. Il est clair qu'à 18 ans, vous pouvez plus facilement revendiquer une intimité ou une sexualité à la maison, ce qui n'est pas forcément le cas à 16 ans ou, a fortiori, à 14 ans.

Certaines familles sont tolérantes et libérales, d'autres plus à cheval sur les principes ou plus inquiètes (à cause du travail scolaire qui peut en pâtir, du risque de grossesse, voire de sida...). Les familles sont aussi plus tolérantes avec les garçons qu'avec les filles. Sachez seulement que vous ne pouvez imposer à vos parents votre intimité sous leur toit. S'ils ne la supportent pas sur le plan émotionnel, il faut l'accepter. C'est leur droit. À vous de vous arranger discrètement ailleurs ou bien lorsqu'ils ne sont pas là.

En consultation, certaines mères se plaignent d'avoir entendu leur ado à travers le mur de sa chambre, ce qui les laissait complètement désorientées, ou créait pour elles un sentiment d'« insupportabilité ». Les enfants détestent imaginer la sexualité de leurs parents ; pour les parents, c'est un peu pareil, ils ne peuvent se confronter à la sexualité de leur enfant si celle-ci a lieu à cinquante centimètres de leurs oreilles !

♦ *Est-ce que mon médecin risque de dire à mes parents que j'ai des relations sexuelles (que je prends la pilule, que je suis soigné contre une infection sexuellement transmissible, que j'envisage une IVG...) ?*

Non, le médecin est tenu par le secret médical. Lui, mais aussi l'infirmier scolaire, le psychologue, le pharmacien, l'assistante sociale, le personnel du laboratoire d'analyses... Ce que l'adolescent pourra révéler au cours de l'échange avec un professionnel de santé, le dossier médical, les confidences, le diagnostic, le traitement..., tout cela est protégé et strictement confidentiel.

♦ *Que dit la loi sur le secret médical ?*

L'ado a tout à fait le droit de consulter le professionnel de santé de son choix sans en tenir informés ses parents, et les filles le font depuis longtemps avec la pilule délivrée sans autorisation (et gratuitement) dans les plannings familiaux. Valable aussi pour la pilule du lendemain, délivrée dans les pharmacies. Valable encore pour les IVG. Nul besoin d'autorisation parentale, ce qui n'empêche pas que la mineure peut venir accompagnée d'un adulte de confiance si elle le souhaite. Les services de santé scolaires, les centres de protection maternelle et infantile (PMI) reçoivent tous les jours ces mineurs en toute discrétion.

En cas de décision grave concernant la santé de l'ado (intervention chirurgicale ou autre), le médecin se doit de prévenir les deux parents (s'ils sont divorcés), mais la décision reste à l'adolescent. Pour le cas particulier des opérations de chirurgie esthétique, le plus souvent le chirurgien demandera une double autorisation parentale pour se « couvrir ». En pratique, le médecin fera tout pour convaincre son jeune patient de s'en ouvrir à ses parents. Il pourra aussi lui suggérer de dévoiler certaines choses et d'en masquer d'autres.

Les copains

Quand on a « coupé le cordon » avec sa famille, on n'est pas orphelin pour autant : on a une nouvelle famille choisie, celle de la bande ou des ami(e)s. Il ne faut pas aller bien loin pour la trouver, c'est la bande de l'école, du club sportif, du groupe de musique ou du lieu où l'on vit.

Dans la bande, on va être socialisé, c'est-à-dire avoir sa place dans la société. Une petite société, mais une société quand même. On y tisse des liens y compris sur Facebook, on y existe en dehors de ses parents, de ses frères ou sœurs, et on y devient un individu à part entière face aux autres.

Dans cette bande, il existe des règles comme dans toute société. On y parle un certain langage, on s'y habille d'une certaine façon, on écoute la même musique, on fréquente les mêmes lieux, on surfe sur les mêmes sites. Bref, on est original par rapport aux adultes, mais identifiable par ses semblables.

Mais, au fond, la bande, ça sert à quoi ?

À trouver un refuge contre l'ennui, à supporter la solitude, à accepter ses propres changements. Elle permet de s'ouvrir aux autres et aide à plonger en soi-même à la fois. Grâce aux amis, on trouve un écho à ses propres mystères puisque eux aussi traversent les mêmes galères, les mêmes incertitudes et se posent les mêmes questions.

Et le ou la meilleur(e) ami(e) ? C'est celui ou celle à qui l'on dit tout, avec lequel on reste pendu des heures au téléphone alors qu'on l'a quitté depuis dix minutes à peine. Pour dire quoi ? Tout et rien, partager des émotions, se rassurer, s'entendre penser en parlant à l'autre, se regarder comme dans un miroir...

L'amitié frôle parfois la passion, si bien que l'on s'interroge secrètement : et si on était lesbienne ou gay ? Le plus souvent, il s'agit d'amitié voire d'amitié amoureuse, fréquente chez les filles. Il n'existe pas de frontière bien nette dans les sentiments et, au fond, est-ce si important de se placer dans une catégorie ou une autre, hétéro, homo, et alors ?

Le groupe, les copains ou la « meilleure amie » permettent en tout cas une chose essentielle : s'informer ou se rassurer sur ses désirs – si l'on est comme les autres, c'est qu'on est normal, non ?

Le revers de la médaille, c'est que, pour être comme les autres, on peut avoir des exigences trop fortes vis-à-vis de soi-même (on se met au défi, on entre dans la compétition) ou bien on peut ressentir de la frustration, ou encore se croire minable à côté de ceux qui ont l'air si bien dans leur peau.

Souvent le leader de la bande décrète « ce qui se fait et ne se fait pas » en matière d'amitié comme du reste. Mais au nom de quoi aurait-il raison ? Et pourquoi ce qui est valable pour lui (s'il dit bien la vérité) serait aussi valable pour soi ? Il faut du courage pour suivre son propre chemin.

Ni bande ni copains

Il arrive que l'on n'ait pas d'amis du tout ! Pas pendant cinq minutes ni deux jours, mais pendant des semaines, des mois ou des années. On traverse seul le temps et la période tourmentée de l'adolescence. Malgré le désir qu'on ressent d'aller vers l'autre, on n'y parvient pas. Les complexes physiques, les handicaps ou différences visibles peuvent pousser à s'isoler volontairement de ses congénères, de crainte d'être mis à l'écart. Cela produit un manque de confiance en soi et aggrave parfois une dépression qui couvait déjà. Mais rappelez-vous qu'à l'adolescence, tout le monde a des complexes et se sent déstabilisé. À deux ou plus, on est plus forts, alors courage, il faut oser accomplir le premier pas, les autres aussi se sentent parfois au-dessous de tout, surtout ceux qui « la ramènent » et compensent sans le savoir leur manque de confiance par un excès d'assurance !

Certains parents trop autoritaires ou, au contraire, trop protecteurs ne facilitent pas les choses non plus. Comme ils interviennent trop dans l'existence de leur enfant, ils suscitent chez lui un manque de confiance, à l'origine de difficultés relationnelles. Un minimum d'autonomie et d'indépendance est nécessaire pour se faire des amis et gagner sa place dans un groupe. Si vous êtes dans cette situation, parlez-en à un adulte compréhensif (ami de la famille, prof, conseillère d'éducation, psychologue, etc.) qui accepte de plaider votre cause auprès de vos parents. Il les incitera à vous lâcher un peu la bride, il leur mettra les points sur les i. Les parents ont parfois du mal à comprendre que leur attitude isole leur enfant des autres.

La solitude durable peut aussi être un choix, assumé et librement consenti. C'est le piano ou la guitare qui vole tout son temps, ou alors ce sont les études, le sport, la peinture. Si on est « bien dans sa peau », plutôt épanoui, content de vivre et à l'aise au milieu des autres lorsqu'on les croise, alors, il n'y a pas de problème. On est un solitaire ou une rêveuse par nature, le déclic viendra peut-être plus tard. Mais si on ressent un manque, il faut se faire un peu violence et découvrir l'intérêt d'avoir des activités de groupe dans la vraie vie. Pourquoi ne pas tenter de s'inscrire dans un atelier de théâtre ou d'arts plastiques ? On commence par y exprimer ses émotions sous un masque ou sans avoir nécessairement recours à la parole. C'est déjà un bon début, pas vrai ? Ou alors, avec toute l'énergie contenue en soi, on peut tenter un sport de combat par exemple. Le karaté, la boxe ou l'escrime (même pour les filles) redonnent confiance, ils permettent d'aller de l'avant et de sortir de sa réserve habituelle, ils permettent d'affronter l'obstacle sans mettre en jeu sa peau.

Évidemment, il y a aussi les réseaux sociaux, moyen d'échange et de partage extraordinaire. On peut s'y confier comme on n'oserait jamais le faire dans la vraie vie, et beaucoup d'ados ont sans doute été sauvés de la solitude extrême par Facebook. Certains s'y inventent une vie imaginaire comme ils le faisaient dans l'enfance. On devient la fille superglamour qu'on rêverait d'être, le séducteur toujours prêt à sortir des blagues qu'on n'ose pas être devant les autres parce que la concurrence est rude. Utile, thérapeutique même... mais attention à ne pas devenir addict à ce type de relations. Le frisson de la virtualité ne doit pas empêcher les vraies rencontres (voir aussi chapitre 8, p. 192 et 193).

5.

Le sexe et moi

Les premières fois

Les débuts amoureux et l'entrée dans la sexualité posent forcément des questions liées à l'inexpérience. On est à la fois dans l'excitation de la découverte et la peur de l'inconnu. Si l'on tente l'aventure avec quelqu'un « qui l'a déjà fait », il est probable que l'on se sentira un peu plus léger. Mais si c'est la première fois pour tous les deux (ce qui arrive environ une fois sur deux), les craintes seront partagées des deux côtés.

À chacune des étapes de la relation sexuelle, il peut y avoir des difficultés ; pourtant, c'est sur la pénétration que se fixent toutes les inquiétudes.

Ces chiffres vous rassureront sans doute, surtout si vous êtes un garçon : le plaisir est au rendez-vous dès la première fois pour 93 % des garçons et 65 % des filles ; et la moitié d'entre vous estiment même que leur « première fois » s'est plutôt mieux passée qu'ils ne le prévoyaient.

Pourquoi cet avantage aux garçons ? Ils ont de la chance, dès leur puberté, ils découvrent l'orgasme sans même l'apprendre, par pur instinct, leur corps « sait ». Cela vient sûrement du fait qu'ils ont un sexe externe, visible, qu'ils l'ont longuement exploré pendant leur enfance et les débuts de l'adolescence. Ils l'ont caressé, mis au défi en faisant des concours avec les autres garçons, celui qui a la plus impressionnante, celui qui pissera le plus loin... La première fois, tout fonctionne si l'excitation est plus forte que les doutes et les angoisses. Les 7 % d'« échecs » côté masculin s'expliquent souvent par des préliminaires bâclés.

Les filles, elles, ont un sexe interne plus mystérieux, caché, méconnu et pas vraiment apprivoisé. Pour elles, tout ira mieux si la tête accompagne le corps, si la complicité est présente, avec l'envie d'être là, à ce moment-là, avec ce garçon-là, dans la même émotion.

La suite est simple : plaisir des premières caresses, abandon total, désir, écoute de son corps, exploration du corps de l'autre, et voilà. L'orgasme, le vrai, avec un grand O, ne viendra pas la première fois pour un grand nombre de jeunes filles, mais un pas crucial aura été franchi. Comme le dit à juste raison le sexologue Gérard Leleu, « l'orgasme est une compétence qui s'acquiert à l'ancienneté », souvent au bout de quelques mois ou années d'apprentissage. Dans l'excellent film *Oui mais...*, du réalisateur Yves Lavandier, Gérard Jugnot, le psychothérapeute de service, rassure la jeune héroïne de 17 ans qui se croit frigide parce qu'elle n'a pas eu de plaisir lors de son premier rapport sexuel ! Pour la convaincre, il utilise cette métaphore très juste : lorsqu'on commence à apprendre ses premiers mots d'anglais, on n'en est pas bilingue pour autant dès le lendemain. Avec l'amour, c'est pareil, il faut du temps. À chaque nouvelle étreinte, à chaque nouvelle caresse, le corps apprend le plaisir. Et celui-ci est grandement facilité si on a déjà appris à se faire plaisir toute seule.

La réussite dépend de ce qui se passe juste avant...

La phase de préparation est essentielle. Quand une fille est détendue et « préparée », son partenaire risque bien moins de problèmes à son tour.

Que signifie être préparée pour une fille ? Cela commence avant même la phase de déshabillage. Une fille aime se sentir admirée, appréciée parce qu'elle est unique et différente, elle adore le contact des peaux, les parfums qui se mêlent, les mots chuchotés à l'oreille, les compliments, le sentiment d'avoir été choisie, tout cela crée une ambiance érotique douce qui fait tomber ses défenses.

La méthode à la hussarde, à savoir la manière forte et expéditive, est à proscrire, même si elle peut paraître plus virile. Oublier aussi tous les films X que l'on a pu voir et privilégier les câlins et petites attentions, ce qui n'empêche pas d'agir et de dire.

Les caresses doivent être lentes et progressives sur le corps, la stimulation du clitoris vient naturellement, doucement, subtilement, après avoir vagabondé entre ses cuisses.

Lorsqu'une fille « mouille », c'est qu'elle est excitée. On dit qu'elle est lubrifiée et cette lubrification vaginale est l'équivalent de l'érection chez l'homme. Elle a pour fonction de faciliter la pénétration.

Attention : cette lubrification est fragile ! Elle peut brusquement cesser à cause d'un stress ou d'une pensée désagréable (peur d'être surprise, parole ou geste déplaisants, etc.). Cette « panne sèche » rend le rapport plus difficile.

De la même façon, un garçon peut perdre une érection très ferme en trois secondes. Il lui suffit de s'apercevoir que sa partenaire souffre ou redoute la pénétration pour qu'il débande. Son prépuce trop serré peut encore frotter douloureusement au cours du rapport, ce qui gênera l'érection ou la raccourcira. Inversement, le désir peut être si fort que l'éjaculation aura lieu avant même la pénétration et l'érection ne tiendra pas. Quelques astuces à connaître à ce stade : il vaut mieux progresser doucement au cours de la pénétration, sans forcer, cela entretient la lubrification. En cas de difficultés, se contenter d'une demi-pénétration et y revenir la fois suivante. Finalement, rien ne presse...

Si le prépuce est trop serré, l'utilisation d'un préservatif est d'autant plus recommandée. Le latex lubrifié protège de manière mécanique et adoucit.

♦ *Vaut-il mieux utiliser une crème cosmétique ou du beurre pour que cela glisse mieux ?*

Non, ces produits peuvent provoquer des irritations ou des infections du vagin. Il existe en revanche des produits lubrifiants à base d'eau exprès pour cela. Ils sont compatibles avec l'utilisation d'un préservatif, alors que les corps gras habituels (vaseline ou autres) rendent le préservatif poreux, donc plus fragile. On trouve ces lubrifiants sans problème au supermarché du coin au rayon parapharmacie ou en pharmacie.

Et les sentiments dans tout ça ?

49 % des hommes sont d'accord avec l'idée qu'on peut faire l'amour avec quelqu'un sans l'aimer, contre 26 % des femmes.

Source : enquête CSF 2006.

L'orgasme sous toutes ses coutures

Au cours de la relation sexuelle, la fréquence cardiaque monte à 120 battements par minute. Elle atteint les 180 battements pendant l'orgasme avec une tension augmentée de 4 points, ce qui rapproche les exploits physiques amoureux de ceux d'un athlète courant le 100 mètres. La respiration s'accélère (deux fois plus) afin de fournir suffisamment d'oxygène à l'organisme en action.

Que l'on soit fille ou garçon, un rapport se décompose en quatre phases physiologiques précises : la phase d'excitation, la phase en plateau, l'orgasme, puis la phase de résolution appelée aussi phase de détumescence chez l'homme.

Une fois n'est pas coutume, on va commencer par les garçons, parce que, disons-le, les choses sont plus visibles et faciles à comprendre.

▸ Côté garçon

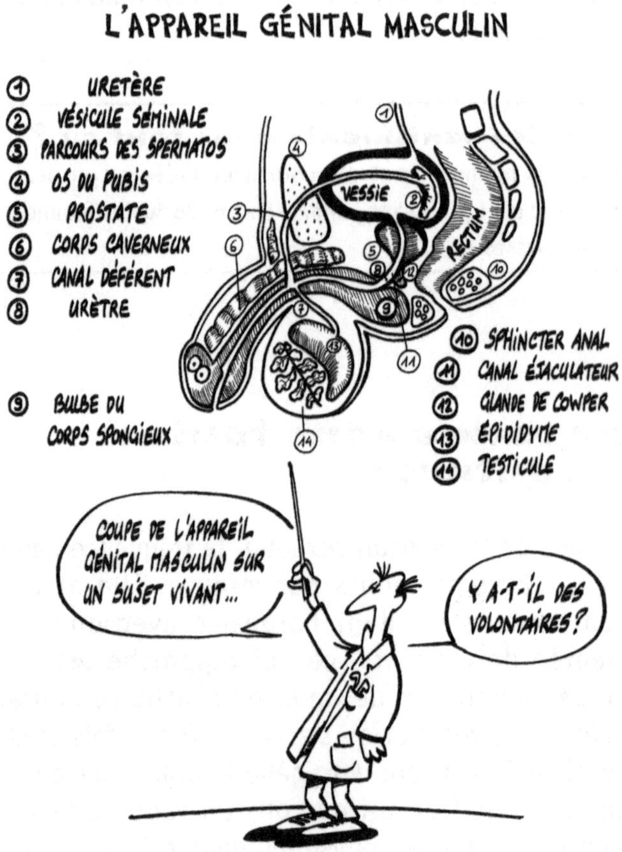

La phase d'excitation

Elle correspond à la montée du désir et à l'érection. Chez les mammifères (cheval, chien, baleine) et même chez certains singes éloignés de nous, il existe un os dans le pénis plus ou moins développé qui permet la pénétration au cours du rapport sexuel, quelles que soient les circonstances. Chez l'homme, pas le plus petit appendice osseux, ni même le moindre bout de cartilage. Le pénis est constitué de... deux cavités, appelées corps caverneux. Elles sont composées de minuscules cavernes (parcourues de très nombreuses petites artères) qui peuvent se gonfler de sang comme des éponges. L'érection est due à cela, à la capture d'une grande quantité de sang dans les corps caverneux.

MÉCANISMES DE L'ÉRECTION

L'érection est due à une bonne circulation du sang dans la verge.

ÉTAT DE FLACCIDITÉ

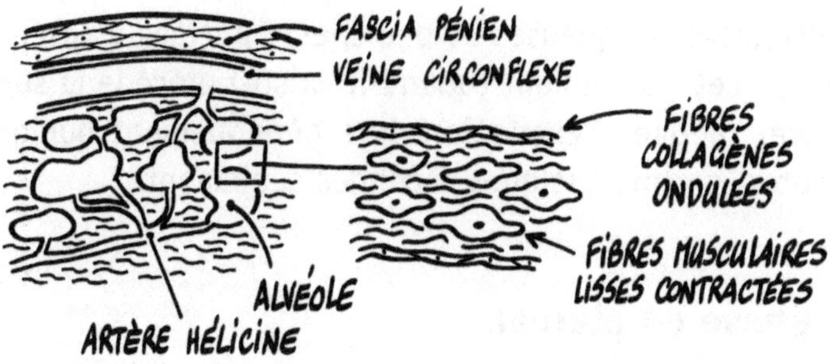

Les fibres musculaires sont contractées, le sang circule mal, la verge reste flaccide (molle).

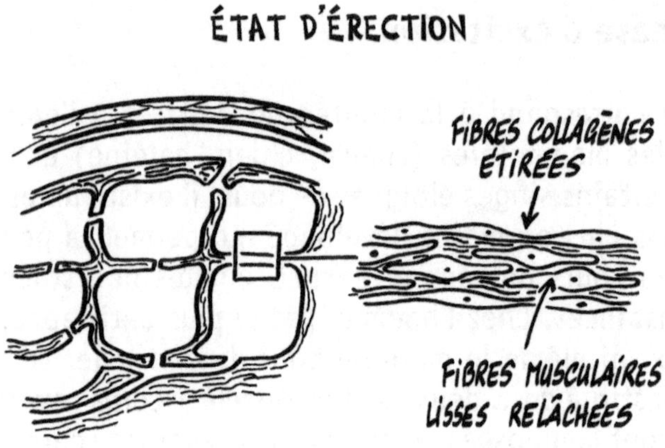

Les fibres musculaires sont relâchées, le sang circule bien, la verge est en érection.

Comme le pénis se compose d'une enveloppe non extensible, il se gonfle automatiquement et se redresse lorsqu'il est plein ; le prépuce est alors décalotté dans le mouvement, le gland devient plus rouge, à cause de l'afflux de sang ; l'orifice (ou méat urinaire) qui permet la sortie du sperme triple de volume. Il en sort parfois quelques gouttes translucides, visqueuses et blanches, appelées « rosée du désir ». Cet écoulement (quand il existe) précède la sortie du vrai sperme. L'excitation dure généralement quelques minutes, parfois quelques secondes seulement.

La phase en plateau

C'est la période de plaisir et de maintien de l'excitation. Sa durée est très variable. De quelques secondes à quelques dizaines de minutes.

LES PHASES DE L'ORGASME

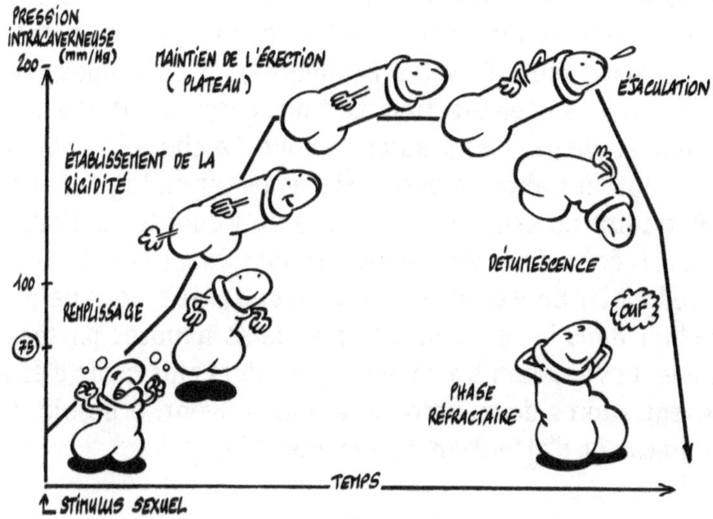

L'orgasme

C'est cette sensation de plaisir intense, le fameux septième ciel dont parlent certains, qui s'accompagne d'une perte totale de contrôle. Difficile à définir avec des mots. Il ne dure que huit petites secondes en moyenne. Les vésicules séminales, l'urètre, le canal déférent, etc. se contractent. 4, 6, 8 impulsions saccadées propulsent le sperme à une vitesse de 18 km/h les meilleurs jours : c'est l'éjaculation. Le jet peut atteindre 60 cm de distance (hors du vagin, bien sûr).

La phase de résolution

Elle correspond au relâchement des muscles des testicules. Les artères se contractent, les corps caverneux se vident de leur sang, ce qui fait illico dégonfler le pénis. Pendant la période réfractaire, très courte chez les adolescents (quelques minutes), mais beaucoup plus longue chez les hommes mûrs (jusqu'à 24 heures), il est impossible d'être à nouveau en érection. Certains garçons ont une irrésistible envie de dormir après l'amour. La chute brutale de la tension entraîne un besoin de repos physiologique. Cet état traduit au sens propre comme au figuré le sentiment d'« avoir été vidé », d'avoir les « jambes coupées ». Il suffit de redoubler de vigilance à ce moment précis pour ne pas sombrer dans le sommeil. Les premières minutes passées, l'envie de s'assoupir s'estompe. Il est alors plus facile d'être présent auprès de sa partenaire qui, souvent, a besoin de tendresse et d'attention à ce moment-là.

Devinette

Qui des deux sexes détient le record de la sensibilité ? Réponse : les filles ! Leur clitoris présente 8 000 capteurs sensitifs à sa surface appelés aussi « corpuscules de volupté ». Les garçons, eux, n'en possèdent que la moitié sur le gland du pénis pourtant 20 fois plus grand.

Côté fille

Les femmes traversent les mêmes quatre phases au cours de la relation sexuelle, pourtant, il existe des différences physiologiques qui sont à l'origine des décalages sexuels rencontrés parfois.

Les filles ont une phase d'excitation et une phase en plateau très progressive, donc un temps plus long à atteindre l'orgasme. Voilà pourquoi il est important pour elles de prolonger les caresses et les préliminaires (un petit quart d'heure en moyenne), ce qui leur laisse le temps d'être prêtes. L'orgasme féminin descend lentement et non brutalement, elles ont donc habituellement un peu moins envie de dormir après l'amour. Autre différence de taille, certaines d'entre elles n'ont pas de période réfractaire et peuvent avoir plusieurs orgasmes d'affilée sans faire de pause.

À quoi ressemble un orgasme de fille ?

Pas à celui d'un garçon. Le déclenchement du plaisir a bien lieu dans la zone sexuelle, mais il s'étend à l'ensemble du corps par vagues, alors que pour le garçon, au moins au début de sa vie sexuelle, le plaisir reste très localisé au niveau des organes génitaux. Une sorte d'euphorie douce envahit les filles de la tête aux pieds. Une sensation de bien-être, un peu comme lorsqu'on est dans du coton ou sur un nuage à flotter dans l'air.

La montée de l'excitation féminine s'accompagne de transformations physiques : petites et grandes lèvres gonflent, se gorgent de sang et rougissent. Cet afflux sanguin favorise la lubrification qui rend la pénétration plus agréable et facile. L'augmentation de volume des petites et grandes lèvres permet d'envelopper le pénis et de le caresser. Dans le même temps, le vagin s'allonge et le fond de celui-ci se dilate. Le premier tiers du vagin, tout près de l'entrée, est particulièrement sensible au plaisir car il est bourré de terminaisons nerveuses. Quand le plaisir devient intense, les muscles qui entourent le vagin à proximité de la vulve se contractent de manière saccadée. Ces contractions entraînent alors des sensations supplémentaires chez le garçon, puisqu'elles stimulent le pénis.

Au cours de l'orgasme précisément, certaines filles – mais une minorité seulement – peuvent avoir une émission de liquide (comparable à une mini-éjaculation).

Le corps rougit de plaisir au point de se couvrir de taches rouges, au niveau de la poitrine notamment et du visage. Les seins gonflent, surtout les mamelons. Le cœur palpite. L'adrénaline augmente et entraîne une phase de tension agréable.

Comme des bêtes ?

Parfois, les comparaisons peuvent nous en apprendre beaucoup sur nous-mêmes. En allant piocher dans le livre de Dominique Léonie, *Les Scores records des animaux* (éditions Hors Collection), on apprend que ce ne sont pas les plus grosses bêtes qui sont les plus gâtées question sexe. La preuve, chez l'éléphant, l'accouplement dure vingt secondes chrono, mais la girafe joue les prolongations pendant trente minutes et la souris... douze heures d'affilée pendant treize nuits de suite. Qui dit mieux ? Le lion peut-être, il a été observé à copuler quatre-vingt-six fois en une journée !

Chez l'homme, le sperme éjaculé atteint en moyenne 3 ml. Chez le chien, c'est déjà le double ; chez le cheval, vingt fois plus (70 ml environ) ; et chez le cochon, 250 ml, soit le contenu d'une canette de bière !

Les animaux se reproduisent à date fixe, avec un calendrier bien précis des amours : le but est de se reproduire au meilleur moment de l'année pour que les descendants survivent. Chez l'homme, rien de tel, la reproduction est totalement déconnectée de la sexualité (grâce à la contraception, notamment). On fait l'amour quand bon nous chante, par plaisir, par amour et, plus tard, par envie de faire des petits...

♦ *Comment connaît-on tous ces détails sur la sexualité ?*

Eh bien, parce que des chercheurs sont allés voir. Dans les années 1960, Masters et Johnson, deux Américains, ont interviewé et filmé des centaines de couples (hommes, femmes, hétéro- et homosexuels). Ils ont placé des capteurs, ausculté, analysé, mesuré tout ce qui pouvait l'être. Ils ont été les premiers à considérer la sexualité humaine comme un objet d'étude scientifique au même titre que n'importe quel autre. Leurs travaux ont eu une portée considérable : non seulement ils répondaient à une certaine curiosité, mais ils permettaient de comprendre les différences hommes-femmes et de traiter certains troubles sexuels dont on appréhendait mieux l'origine physique ou psychologique.

♦ *À quoi servent les différentes positions de l'amour ?*

En tout cas pas à faire de la gymnastique ni à accomplir des performances sportives ! Ces postures permettent de varier les plaisirs afin que la sexualité ne devienne pas répétitive et ennuyeuse ; elles permettent aussi des sensations différentes. Et puis, elles font appel à bien d'autres choses que le simple aspect technique, on vient de le dire.

Si curieux que cela puisse paraître, certaines figures du Kama Sutra sont des positions de yoga qui visent l'harmonie du corps et de l'esprit. La tradition hindoue, qui a donné naissance à ce livre presque aussi célèbre que la Bible, considère le corps comme l'expression de la spiritualité et non du péché.

♦ *Quelle est la meilleure position au début ?*

La meilleure position est sans doute celle où l'on se sent le plus à l'aise. Habituellement, c'est le garçon au-dessus de la fille dans la position du missionnaire. En face à face, on peut s'embrasser, se regarder et se parler.

♦ *Est-il normal de n'arriver à faire l'amour que dans une seule position ?*

Oui et non. Avec le temps, on devrait pouvoir adopter plusieurs positions au cours de l'acte sexuel. Mais les premières années, en période d'apprentissage, il est naturel de préférer les positions simples ou celles qui sont les plus efficaces en termes de plaisir. La position choisie met en jeu la pudeur, l'imaginaire, le domaine affectif ou symbolique. Certains préféreront des attitudes plus ou moins dominantes, plus ou moins actives ou passives, plus ou moins dénudées...

♦ *Quelle est la fréquence normale des rapports sexuels ?*

En fait, il n'y a pas de norme et heureusement. Tout dépend de ses rencontres, de son envie, de ses préoccupations, des contrôles à venir... De plus, la question ne se pose pas en termes de défi, de capacité ou de performance.

Près de la moitié des jeunes de 15 à 18 ans auraient des rapports sexuels moins d'une fois par semaine. Les adultes qui vivent en couple auraient quant à eux des rapports plus de deux fois par semaine. 120 rapports par an pour les Français contre 103 rapports par an pour la moyenne mondiale, selon l'étude menée par Durex (*Sexual Wellbeing* 2007-2008).

♦ *Quelle est la durée habituelle d'un rapport ?*

Il n'y a pas de norme dans ce domaine non plus, un rapport peut être plus ou moins long selon son âge, l'expérience du partenaire ou la sienne, selon son désir surtout. Parfois, ça dure une minute, parfois une heure, et on recommence ou pas. Si l'on s'en tient à la durée de la seule pénétration, il faut compter entre cinq et dix minutes tout au plus, montre en main. Plus les garçons manquent d'expérience, moins ça dure. Il arrive même que l'éjaculation survienne instantanément, dès la première caresse, avant même que la fille n'ait eu le temps de se déshabiller ! (Voir chapitre 6, p. 154.)

♦ *Quelles sont les zones les plus sensibles, appelées zones érogènes ?*

Chez la fille, les zones érogènes sont dispersées sur tout le corps : la poitrine, le cou, le dos, la tête, les oreilles, les fesses, les pieds et naturellement le clitoris... Ce dernier est surnommé « le bouton sacré ». Il est formé d'une partie interne invisible (aux 9/10e) et d'une partie externe, visible, le capuchon où se situent les « corpuscules de volupté » (appelés aussi corpuscules de Krause), particulièrement sensibles.

Quant au fameux point G qui a fait couler beaucoup d'encre, il se situe sur la face antérieure du vagin à deux ou trois centimètres de la vulve en direction du ventre. Si on introduit le doigt pour le sentir, cela représente environ deux phalanges.

Chez le garçon, les zones érogènes sont essentiellement regroupées autour des organes génitaux (surtout le gland et les testicules), car c'est là que siègent les corpuscules de volupté. Ces capteurs sensoriels transmettent l'information agréable au cerveau grâce à des relais nerveux. Les hommes possèdent eux aussi un « point G » même s'il n'en porte pas le nom, c'est une zone compacte bourrée de récepteurs sensoriels située près de la prostate, à l'intérieur de l'anus. S'appuyant sur cette réalité physiologique, les marchands de sex-toys ont développé des joujoux masculins.

Cela dit, que l'on soit fille ou garçon, le système nerveux associé au plaisir s'éduque tout au long de l'existence. Une zone peut devenir érogène grâce à l'apprentissage. Un exemple : si une fille caresse le pénis de son partenaire et son cou en même temps, le cou peut devenir une source de plaisir intense... par association d'idées et même par un véritable conditionnement.

♦ *Comment donner vraiment du plaisir à l'autre ?*

Pour une fois, mieux vaut ne pas appliquer le principe « Fais aux autres ce que tu aimerais qu'ils te fassent ». Les garçons ont un plaisir plutôt localisé, situé autour de la zone qui entoure le pénis. Les filles, elles, apprécient les caresses un peu partout sur le corps. Pour la jouissance et l'orgasme, 80 % des filles disent même préférer les caresses à la pénétration ! Au début, le garçon doit donc éviter les stimulations trop directes sur le clitoris ou dans le vagin, la partenaire peut les trouver désagréables, voire douloureuses, si elle n'y est pas encore prête.

Inversement, les filles peuvent se dire : « Je vais le caresser partout puisque moi j'aime ça. » Et le garçon n'attend qu'une chose : qu'elle s'intéresse enfin au pénis... Un vrai dialogue de sourds, parfois !

♦ *L'orgasme dépend-il de la fille ou du garçon ?*

Les deux mon capitaine ! Si la fille reste totalement passive et sans initiative, le garçon sera confronté à l'inconnu, et à moins d'une sacrée expérience, il pourra avancer avec maladresse pour finir par jouir très vite... mais tout seul. Tandis que si la fille émet des soupirs lorsqu'une caresse lui plaît, qu'elle dit des mots, qu'elle l'encourage avec sa main pour guider son cheminement sur la carte du Tendre, l'excitation montera plus vite chez les deux partenaires. Il ne faut pas oublier qu'un garçon est très excité de voir le plaisir qu'il procure, ça le rassure. Un conseil aux filles, il vaut mieux formuler ses indications de manière positive : « J'aimais bien quand tu me caressais là », « J'adore quand tu es doux », « Ouiiiiiiiiii, encoooore »... plutôt que « Pas si vite », « Pas si fort », « Pas comme ça ». Dans un cas, le partenaire est valorisé et guidé, dans l'autre il est remis en question et fragilisé.

♦ *Une fellation, concrètement, ça veut dire quoi ?*

Cela consiste à caresser avec sa bouche le sexe de son partenaire. On n'est pas obligé de pratiquer cette caresse, et si on le fait, c'est parce qu'on en a envie aussi. Parfois, le sperme est émis ; celui-ci n'est ni sale ni dangereux (sauf si l'homme est atteint d'une infection sexuellement transmissible), mais là encore, on peut refuser d'avaler le sperme et le dire sans honte. Beaucoup de personnes qui pratiquent la fellation se retirent avant l'éjaculation.

♦ *Un cunnilingus, ça ressemble à quoi ?*

Le garçon caresse les petites lèvres de la fille, son clitoris ou l'entrée du vagin avec sa langue. Il procède par petits mouvements circulaires ou des va-et-vient.

Selon l'enquête CSF 2006, 85 % des femmes de 18 à 69 ans déclarent avoir expérimenté cette caresse. Ce qui montre que cette pratique est devenue une composante ordinaire de la sexualité tout comme la fellation. Un certain nombre de femmes – et surtout de jeunes femmes – la refusent pourtant.

Pourquoi ? Le léchage de la vulve reste un geste très intime, qui suppose une hygiène irréprochable. Or beaucoup de filles ont peur de leur odeur, même si elles viennent tout juste de se laver. Et puis, cette câlinerie nécessite un réel abandon, ce qui n'est pas toujours évident aux débuts de la sexualité. Sans parler des interdits religieux, des tabous, des sous-entendus familiaux qui font qu'on peut trouver ça sale, honteux ou bien interdit.

♦ *La sodomie, c'est quoi ?*

C'est une pénétration par-derrière, au niveau de l'anus. L'excitation intense et la stimulation agréable suffisent à provoquer une dilatation du rectum. Pour faciliter la pénétration, il est important d'utiliser un lubrifiant et un préservatif, ils faciliteront la progression douce et, en plus, protégeront des

IST, sida compris. Les garçons disent apprécier pratiquer la sodomie à cause des sensations nouvelles qu'elle procure et de la transgression : selon eux, c'est plus intime, plus intense. Certaines adolescentes recourent à cette pratique soit par plaisir (c'est possible !), soit pour préserver leur virginité. La plupart refusent cette pratique au début de leur vie sexuelle (et même parfois après) à cause de la douleur, des tabous, elles trouvent cela « trop animal » ou dégradant...

Là encore, rien n'oblige à le faire si on n'en a pas le désir pour soi ou si on a peur. Les films pornos ne doivent pas laisser croire que la sodomie est obligatoire pour avoir un rapport sexuel réussi.

♦ *Comment expliquer ces odeurs particulières au cours de l'acte sexuel ?*

Ces odeurs sont naturelles et le plus souvent agréables (sauf si l'on ne s'est pas lavé depuis un certain temps). En fait, il existe, au niveau des poils des aisselles et du pubis, des glandes spécifiques qui sécrètent une sueur laiteuse et des hormones odorantes (les phéromones) destinées au sexe opposé. Ces substances sont attractives et aphrodisiaques, même si on n'en a pas toujours conscience. La nature utilise d'ailleurs ces fameuses phéromones pour rapprocher des partenaires parfois très éloignés. Le record absolu est détenu par un papillon : le bombyx. Il peut repérer sa promise à 11 km à la ronde grâce à quelques molécules seulement de ses phéromones enivrantes. La truie se défend pas mal non plus. Elle déterre pour nous les truffes dans le sol parce que celles-ci ont la même odeur que son mâle, le verrat. D'où ce conseil : pour ne pas gommer son sympathique (et utile !) côté animal, ne pas abuser du déodorant avant l'amour. Une simple toilette est suffisante.

♦ *Faut-il se laver juste après l'amour ?*

Pas de raison de se précipiter dans la salle de bain aussitôt après un rapport sexuel, le sperme n'est pas sale. En plus le vagin sait très bien faire son ménage tout seul, il est autonettoyant grâce à sa flore bactérienne. Une toilette intime trop agressive (savon, eau dans le vagin) pourrait au contraire le perturber. Cela dit, lors des premiers rapports avec un partenaire, il faut de toute façon utiliser un préservatif, même si on prend la pilule. Cette protection recueille le sperme et protège des infections.

♦ *C'est quoi ces bruits bizarres ?*

Bruits de ventouses, glissades qui font « splock »... parfois on aimerait se cacher sous la couette et ne plus rien entendre. Ces bruits pendant l'amour sont pourtant tout ce qu'il y a de plus positif : ils indiquent une sécrétion abondante au niveau vaginal, donc une bonne lubrification, donc une bonne excitation ! Parfois, ils signalent la présence de vide et de béances dans le vagin, quand l'air a pénétré à l'intérieur en même temps que les va-et-vient du pénis. Tout cela n'a rien d'inquiétant. Une bonne arme pour en sortir, l'humour ou la connivence savante : « Tu vois comme tu m'excites. »

♦ *La première fois a été complètement ratée entre nous, comment éviter que cela ne recommence ?*

Que ce soit sa première fois tout court ou la première fois avec un(e) tout(e) nouveau (nouvelle) partenaire, le premier rapport peut s'avérer très décevant. En cause la pudeur, l'inexpérience, la peur, la précipitation... Il n'y a pas de fatalité à cela, c'est en marchant qu'on apprend à marcher et même à danser.

Le mieux pour sortir de sa crainte d'un nouvel échec, c'est peut-être encore la complicité avec le (la) partenaire, l'humour et surtout la patience (ne pas s'arrêter aux premiers déboires et les considérer comme faisant partie de l'aventure sexuelle).

♦ *Je me trouve nulle au lit, c'est inscrit dans mes gènes ?*

Il n'y a aucune fatalité là-dedans. Le temps résoudra tout, l'angoisse, la maladresse, la gêne, le manque d'expérience. Et puis, l'amour se pratique à deux, le partenaire peut être plus ou moins bloquant ou stimulant, vous incitant à être très pudique, réservée et passive ou au contraire inventive, attentive et délurée. Quand on se sent nulle, cela traduit juste un manque de confiance en soi. Idéalement, il faudrait mettre son copain très à l'aise pour qu'il nous stimule en retour.

Les garçons ne sont pas en reste. Ils disent que certaines filles les paralysent : elles ont trop d'expérience et hurlent comme dans un film porno ou alors, elles n'y connaissent rien et demeurent muettes comme des planches à pain en attendant que les choses se passent...

♦ *Est-il normal de ne pas penser du tout au sexe ?*

On peut être normalement constitué, physiquement et psychologiquement, et pour autant ne pas éprouver de désir pour l'autre. La culture et l'éducation entrent alors beaucoup en ligne de compte.

L'éducation religieuse peut faire penser que tant que l'on n'est pas marié, il n'est pas question d'avoir de relations sexuelles. La zone génitale est endormie, et c'est bien l'esprit, ici, qui commande le corps. Lorsque l'on aura trouvé l'âme sœur, même si c'est à 25 ans, la sexualité fonctionnera normalement.

Autre possibilité : la peur de ne pas être à la hauteur. Elle est si forte qu'on préfère tenir le désir à distance. En pensant qu'on n'en a pas, on se protège (inconsciemment bien sûr) et on évite de se confronter à ses angoisses. Le sport, les études, d'autres passions sont les seuls centres d'intérêt. Il arrive aussi que l'on mette sur un tel piédestal le garçon ou la fille dont on est amoureux que l'on n'imagine même pas le ou la « salir » par son désir...

♦ *Certains couples pratiquent l'amour sans pénétration, c'est normal ?*

Selon l'enquête CSF 2006, environ un couple sur trois préfère « souvent » ou « parfois » avoir des rapports sans pénétration ; ces couples interrogés privilégient les caresses et la complicité. Les femmes trouvent cette pratique plus douce, plus à l'écoute de l'autre, les hommes le font pour faire plaisir à leur partenaire ou pour leur compte aussi, ils cessent d'être dans le défi ou la crainte de la panne. Ils deviennent plus attentifs à leurs propres sensations.

▶Côté fille

♦ *Les filles peuvent-elles ne pas avoir d'orgasme au début ?*

Oui, c'est d'ailleurs assez fréquent les premières fois. L'orgasme féminin, contrairement à celui des garçons, est le fruit d'un apprentissage et d'un long apprivoisement du plaisir. Il faut du temps pour se livrer vraiment et se laisser aller sans retenue. Certaines connaîtront la première vraie jouissance par pénétration à 30 ans voire davantage, mais cela ne les empêche pas d'avoir des sensations agréables en faisant l'amour sans se sentir frustrées.

Les filles connaissent le plaisir, assez facilement, en se caressant le clitoris ou en incitant leur partenaire à le faire.

♦ *Quelle différence entre un orgasme vaginal et un orgasme clitoridien ?*

Comme son nom l'indique, l'orgasme clitoridien est provoqué par des caresses au niveau du clitoris, avant ou après la pénétration. Alors qu'un orgasme vaginal est obligatoirement le résultat d'une pénétration et d'une stimulation du vagin. Il est parfois très difficile, même pour les femmes, de savoir si elles sont vaginales ou clitoridiennes, et au fond, cela importe peu, car contrairement à ce qui se dit, l'orgasme vaginal n'est pas plus complet ou meilleur que le clitoridien, cela dépend des moments, des femmes et des partenaires sexuels.

♦ *Les filles peuvent-elles simuler l'orgasme ?*

Oui, pour différentes raisons d'ailleurs. Si leur partenaire guette avec trop d'empressement leur plaisir, cela peut les inciter à simuler pour... faire plaisir au garçon et le rassurer sur ses capacités.

D'autres filles peuvent être un peu trop influencées par les films X et s'imaginer que le plaisir va de pair avec les cris. Pour paraître normales et comme les autres, elles en feront un peu trop. Certains garçons apprécieront, d'autres seront déstabilisés. À tester avec précaution donc...

♦ *La première fois est-elle forcément douloureuse ?*

Non, pas nécessairement. On peut perdre sa virginité en douceur sans souffrir, si le garçon est doux, délicat ou expérimenté ; si la fille a un hymen distendu (par le sport ou le port de tampons) ; si son excitation est plus forte que sa peur et son appréhension ; si le couple utilise un lubrifiant qui facilite la glisse.

♦ *Ça fait mal, au moment précis où l'hymen est rompu ?*

Chez certaines, la rupture de l'hymen entraîne une petite douleur, chez d'autres pas du tout. Il arrive même que cette fine membrane ne saigne pas. Toutefois, si c'est le cas, le saignement cessera très vite et on pourra se contenter de mettre une protection intime externe. Il arrive aussi qu'après cela brûle un peu en faisant pipi. Rien de grave là encore. Au bout d'un ou deux jours tout rentrera dans l'ordre.

♦ *Pourquoi les garçons sont-ils à ce point attirés par les seins et les fesses des filles ?*

Ce sont les symboles même de la féminité, associés au plaisir et à la sensualité. Symboles, par ailleurs, largement véhiculés par l'art et la publicité. Est-ce seulement le poids de la société qui crée ou accentue cette attirance particulière, est-ce plutôt une préférence biologique ? Difficile de trancher. Des chercheurs américains ont toutefois essayé de comprendre nos critères de préférence sexuelle et ce qui nous séduit chez l'autre. Les garçons seraient particulièrement sensibles à la symétrie et à la rondeur chez une femme, ce qui est un signe biologique de bonne santé et de fertilité. Les filles, elles, seraient plus attirées par les épaules larges et les fesses rondes chez un garçon. Mais ce qui les ferait le plus craquer, des expériences l'ont montré, ce sont les signes sociaux : l'élégance, la manière de se tenir et de parler, associée à l'appartenance à un milieu social. Inconsciemment, elles rechercheraient donc l'homme qui pourrait les protéger physiquement et matériellement.

Catalogue des craintes, la première fois

▸ Côté fille

Honte de la nudité, du regard de l'autre, de la comparaison désavantageuse avec les modèles qui font rêver les garçons.

Peur de ne pas savoir comment s'y prendre, de ne pas être à la hauteur, de décevoir, d'être un « mauvais coup »...

Peur de saigner et d'avoir mal.

Peur d'une grossesse, peur du sida.

▸ Côté garçon

Crainte que sa partenaire ne découvre que c'est la première fois...

Crainte de ne pas être à la hauteur, de décevoir, de paraître ridicule parce qu'on ne sait comment s'y prendre.

Crainte de ne pas être capable de procurer du plaisir ou d'en trouver.

Crainte de ne pas avoir d'érection, d'avoir un sexe trop petit, un orgasme trop rapide ou d'avoir du mal à pénétrer sa partenaire.

Crainte de ne pas réussir à mettre le préservatif.

▸ Côté garçon

♦ *À partir de quel âge un garçon est-il techniquement capable d'une pénétration ?*

À tout âge. Même un garçon de 5 ans pourrait le faire en théorie, il suffit d'avoir un sexe en érection.

♦ *Le désir provoque-t-il forcément une érection ?*

Non, il arrive que l'on ait beaucoup de désir, mais que l'on n'ait pas la verge dure.

♦ *À partir de quel âge a-t-on du plaisir ?*

Les érections procurent un certain plaisir, mais c'est la jouissance associée à l'éjaculation qui provoque l'orgasme. Et c'est vers 13-14 ans que se produisent les premières éjaculations.

♦ *Un garçon peut-il avoir un orgasme sans éjaculation ?*

Oui, c'est exceptionnel, mais possible. Certains yogis y parviennent. Pour le commun des mortels, l'orgasme est associé à l'éjaculation. Il n'existe que quelques dixièmes de seconde entre les deux phases.

♦ *Un garçon peut-il éjaculer sans plaisir ?*

Oui, puisqu'il s'agit de deux phénomènes distincts. Certains hommes, rares au demeurant, ont des éjaculations sans émotion particulière.

♦ *Est-il possible pour un garçon d'éjaculer avec un pénis mou ?*

Oui, car l'érection et l'éjaculation ne sont pas obligatoirement liées. Un certain nombre d'hommes impuissants n'ont pas d'érection du tout, mais ont des éjaculations à l'entrée du vagin, ce qui leur permet d'avoir quand même des enfants. C'est d'ailleurs bien ce qu'il faut retenir ici : on peut mettre enceinte sa partenaire, même si on éjacule à l'entrée de son sexe. Le préservatif est donc nécessaire, avec ou sans pénétration.

♦ *Peut-on retarder son orgasme ?*

Oui, mais, pour cela, il faut une certaine maîtrise de soi. Avec de l'expérience, un homme peut maintenir l'excitation à un niveau suffisamment élevé pour que les choses soient agréables, sans jamais aller trop loin. Il parvient à préserver l'érection en retardant l'éjaculation. Résultat : il accompagne sa partenaire plus longtemps, il est à l'écoute de ses sensations et de ses émotions.

♦ *Un garçon peut-il ne pas avoir d'orgasme la première fois ?*

Oui, c'est possible. Il peut être tellement obsédé par l'idée d'avoir une bonne érection pour avoir une bonne pénétration qu'au final, le plaisir devient secondaire ou ne vient pas.

♦ *L'éjaculation au cours d'un rapport sexuel est-elle plus agréable qu'au cours de la masturbation ?*

Il semblerait que oui, parce que tout participe alors au plaisir : le fait d'être deux, de partager, de s'abandonner totalement, surtout lorsqu'on est amoureux. Alors que la masturbation, et c'est dommage, est souvent pratiquée dans la culpabilité.

♦ *Peut-on avoir mal la première fois (ou les suivantes) au cours du rapport sexuel ?*

Non, un garçon ne devrait pas souffrir du tout, sauf si son prépuce est un peu serré ou son frein un peu trop court. Il doit alors en parler à un médecin.

♦ *Le fait d'être circoncis permet-il d'avoir plus (ou moins) de sensations ?*

En fait, il semblerait que cela ne change rien. Au cours de l'acte sexuel, le gland est de toute façon à nu, que l'on soit circoncis ou pas.

♦ *Un garçon peut-il faire un enfant dès son premier rapport ?*

Oui. Il faut généralement quelques mois avant que le sperme contienne suffisamment de spermatozoïdes, mais, dans le doute, le premier rapport doit être protégé.

♦ *Peut-on éjaculer et uriner en même temps ?*

Non, ce genre de surprise désagréable ne peut jamais se produire pour la bonne raison qu'il existe un système-réflexe de sécurité : lorsque le pénis est en érection, l'orifice de la vessie est automatiquement bloqué par les muscles autour. L'urètre – le canal qui conduit l'urine et le sperme vers l'extérieur – ne peut alors acheminer que le sperme au cours de l'éjaculation.

♦ *Une fille qui saigne au cours du rapport est-elle forcément vierge ?*

Non, elle peut aussi avoir ses règles. Le sang de l'hymen est rouge vif, celui des règles est généralement plus abondant, plus sombre, avec des petites membranes (sauf en début ou en fin de règles).

♦ *Est-il dangereux de faire l'amour avec une fille qui a ses règles ?*

Non, les règles sont propres. Il s'agit de sang et de petits bouts de muqueuse qui se détachent de l'utérus. Il n'y a donc pas de risque particulier de maladie ou d'infection, sauf si la partenaire est séropositive.

Cela dit, beaucoup de filles n'aiment pas faire l'amour pendant leurs règles car elles ne sont pas au mieux de leur forme à ce moment-là. D'autres refusent à cause de leur éducation ou de leur religion. C'est leur droit.

♦ *Peut-elle être vierge et ne pas saigner la première fois ?*

Oui, c'est possible. Une fille peut très bien avoir rompu son hymen (la fine membrane qui ferme l'entrée du vagin) en mettant des tampons trop gros, en faisant de la danse ou du sport (cheval, gymnastique, etc.).

♦ *Est-ce bizarre à 20 ans de ne pas avoir envie de faire l'amour avec toutes les filles qui nous plaisent ?*

Non, et heureusement. S'il fallait imaginer passer à l'acte avec toutes les jolies filles, les hommes ne sauraient plus où donner de la tête. Ce qui crée le désir, c'est l'association de plusieurs facteurs : l'attirance physique visuelle, mais aussi le feeling, le charme de la personne, dans un contexte et une relation bien particuliers. Il faut une interaction, des échanges, des regards, un minimum d'intérêt de la part de l'autre pour qu'émerge le désir. On peut donc être devant un « canon » sans pour autant bander.

Et puis, nous ne sommes pas des bêtes ! Nous avons un esprit, une éducation et des convictions. La femme n'est pas qu'un objet de désir, même si elle est belle... Enfin, le désir est sélectif. Lorsqu'on a déjà une petite amie ou que l'on a d'autres préoccupations en tête (contrôles, chagrin, etc.), il peut être mis en veilleuse.

♦ *Je fais très souvent des rêves érotiques, et pourtant tout se passe bien avec ma petite amie : suis-je obsédé ?*

Les rêves ne se commandent pas. Ils reflètent simplement l'imaginaire pendant le sommeil. Un peu comme les fantasmes, ces pensées vagabondes sont des caresses de l'esprit. Elles surviennent chez ceux qui ont une sexualité épanouie et qui en redemandent la nuit, et chez ceux qui ont des doutes, des manques ou des frustrations et qui l'expriment alors.

Dans les deux cas, les rêves érotiques sont structurants et positifs, puisqu'ils permettent d'avouer certaines attentes ou de libérer des tensions.

♦ *Si je suis trop tendre, elle va croire que je suis efféminé ?*

Au contraire. Les filles préfèrent la sensualité à la méthode footballeur : « Droit au but, sans les mains. » Elles apprécient les regards, les caresses, les mots doux et les rapprochements progressifs.

♦ *J'ai duré 30 secondes avec ma copine, trop la honte ?*

Certains garçons s'imaginent qu'ils doivent pénétrer de suite leur partenaire pour (se) prouver leur virilité, au risque d'éteindre la flamme trop vite. Il y a de très nombreuses caresses à tenter avant la pénétration. Gare au mythe de la performance.

Bon plan

Un site à connaître absolument : www.educationsensuelle.com. On y trouve des films éducatifs sensuels et non pornographiques (baiser, caresses sensuelles, attitudes sensuelles) qui montrent que la sexualité passe d'abord par la complicité, la tendresse, le respect de soi et de l'autre. Interview d'experts et possibilité de poser des questions.

6.

Rien ne va plus !

La sexualité ne va pas forcément de soi. Même les adultes, a priori plus aguerris, peuvent avoir des troubles sexuels.

Pour une relation sexuelle réussie, il est indispensable de comprendre son fonctionnement, de gérer ses émotions, de ne pas se laisser déborder par elles, d'être en phase dans son corps et dans son esprit, ni trop en avance ni trop en retard.

La bonne nouvelle, c'est qu'aucun trouble sexuel n'est définitif. Une fille n'est pas frigide pour la vie, un garçon n'est pas éjaculateur précoce ou impuissant pour toujours. À l'adolescence, les choses s'arrangent habituellement d'elles-mêmes avec le temps à condition de ne pas se mettre la pression. Si cela traîne au point de redouter toute nouvelle relation, il existe plusieurs alternatives pour en sortir : des techniques sexo-corporelles, des thérapies par la parole, voire des médicaments adaptés à son problème. Alors, confiance !

▸ Côté fille

Panne de plaisir ou de désir ?

Différents scénarios expliquent le fiasco.

On souhaite juste flirter pour se rassurer et s'assurer de sa séduction, mais pas coucher. On n'est pas suffisamment amoureuse pour offrir son corps, ou plus encore sa virginité. On le fait parce qu'il faut le faire pour être comme les autres ou parce qu'il insiste... Bref, on ne se sent pas vraiment prête à sauter dans le grand bain. Du coup, l'excitation, donc la lubrification, est plus difficile à venir, voire inexistante. On se croit nulle alors qu'en réalité, on manque tout simplement de désir. (Inversement, lorsqu'on est vraiment complices, désirante ou amoureuse et que le partenaire l'est aussi, les choses se passent nettement mieux. Certaines s'étonnent même de « mouiller » à tel point qu'elles ruissellent littéralement.)

Il arrive aussi qu'on soit transie d'amour pour un garçon et que du coup, le passage à l'acte paralyse ou se passe mal, comme si le sexe allait abîmer cette relation si belle et si pure.

Parfois, on a des principes d'éducation ou religieux qui font croire que le désir est sale, on entre en conflit avec soi-même, on se punit en sabotant la relation sexuelle, en ne lubrifiant pas, en n'y prenant aucun plaisir, et c'est inconscient bien sûr. La sexualité n'est pas sale, elle peut même devenir très belle, tout dépend ce qu'on en fait. C'est une histoire qui s'écrit à deux.

Les aspects techniques comptent aussi. Bon nombre d'adolescentes pensent qu'il suffit d'une pénétration pour trouver l'orgasme et se croient frigides, donc incompétentes pour le plaisir, parce qu'elles n'y parviennent pas. Or la jouissance est difficile à obtenir par la seule pénétration, puisque le clitoris et les autres zones érogènes ne sont pas suffisamment sollicités. Avant de jouir par ce seul moyen, il faut apprendre à jouir tout court et reprendre les choses à leur commencement. Apprendre à marcher avant de courir, apprendre la géographie de son plaisir... Les caresses pratiquées sur soi (par la masturbation) aident à comprendre comment ça marche, comment le plaisir s'allume, comment procéder. Il n'y a vraiment pas de mal à se faire du bien, au contraire, tous les sexologues recommandent maintenant les caresses sur soi... pour mieux découvrir le plaisir à deux par la suite (voir chapitre 7, p. 165). Lors d'un rapport sexuel, les filles qui se pensent frigides doivent accompagner leur partenaire pour qu'il insiste davantage sur les petites câlineries, effleurements et mots chuchotés, ce qu'on appelle les préliminaires. Ces derniers facilitent une lubrification suffisante s'ils durent dix à quinze minutes en moyenne. Peu à peu, les préliminaires associés à la caresse progressive du clitoris et de ses à-côtés permettront de découvrir le plaisir et de lever tous les obstacles.

Le partenaire a bien sûr sa part de responsabilité. Il peut provoquer ou entretenir un blocage sexuel, avec les débutantes comme avec celles qui ont déjà eu des relations sexuelles satisfaisantes. Pour peu qu'il s'abandonne avec maladresse, souffre d'éjaculation prématurée et jouisse trop vite ou bien que son érection soit instable, le rapport laissera un goût de frustration et d'amertume. On n'aura même pas eu le temps de mouiller ni de jouir. Si la fois suivante le même scénario se reproduit, l'engrenage de la peur sera enclenché et on croira qu'on est vraiment frigide et qu'en plus, on est responsable de cette déroute. La solution peut passer par la case « docteur ». Pas pour soi, pour lui ! Le partenaire peut en parler à son médecin traitant ou au gynécologue qui saura l'orienter. Il existe des traitements qui l'aideront à surmonter son problème.

Les douleurs pendant l'amour

Les premières pénétrations peuvent s'avérer douloureuses, pas à cause d'un défaut de fabrication mais tout simplement parce qu'on n'est pas suffisamment excitée donc mouillée. En ce cas, plusieurs petites solutions.

Déjà, conseiller à son partenaire de prolonger les caresses un peu plus longtemps, le guider sur ce qui procure du plaisir et essayer de son côté de lâcher prise, de ne penser qu'à son propre plaisir au lieu d'être obsédée par celui de son partenaire. Cela s'appelle de l'égoïsme partagé. Si on est bien, le partenaire le sentira et le sera aussi...

Pour faciliter la glisse (éviter les frottements désagréables et les irritations), on peut utiliser des lubrifiants intimes à étaler sur la vulve, à l'entrée du vagin et sur le préservatif, peu avant le rapport. Il en existe des liquides (plus fluides mais qui sèchent plus vite) ou sous forme de gel, parfumés ou nature.

En cas de sécheresse vaginale plus durable (inconfort qui persiste en dehors des relations sexuelles), des produits lubrifiants ultra-hydratants comme le Replens®, le Monasens® ou le Geliofil®, vendus en pharmacie sans ordonnance, permettent de retapisser la muqueuse vaginale et d'améliorer l'hydratation intime. Ces produits s'utilisent deux fois par semaine, en dehors des rapports, tant qu'il y a gêne.

Si les tensions persistent malgré tout, c'est peut-être un problème médical à traiter.

Certaines situations ou petites maladies peuvent être à l'origine de douleurs plus ou moins intenses pendant le rapport sexuel. La pilule favorise chez les jeunes femmes prédisposées une hyperacidité vaginale à l'origine d'irritations vulvaires et de petites mycoses. Un herpès génital externe peut expliquer des frictions et une pénétration extrêmement pénibles (voir chapitre 10, p. 237).

Rare mais possible, chez certaines jeunes filles vierges, l'hymen est si épais qu'il est difficile à rompre et qu'il constitue un obstacle à la pénétration. En ce cas, il faudra intervenir par un petit geste chirurgical.

Certaines raisons psychologiques peuvent aussi entraîner une absence de lubrification et des douleurs pendant l'amour. On n'est pas vraiment excitée par son petit ami et... on n'a pas envie de lui, sexuellement en tout cas. Il est alors plus facile de dire « j'ai mal » que « je n'ai pas envie ».

Il arrive parfois que des jeunes filles souffrent de contractions réflexes des muscles du vagin qui peuvent rendre le rapport inconfortable ou douloureux pour les deux partenaires, en empêchant plus ou moins la pénétration. Les spécialistes parlent de vaginisme ou de pseudo-vaginisme. La peur d'être pénétrée est si forte qu'elle en devient paralysante. Là, il faut en parler à un gynécologue attentif aux questions psychologiques. Ce trouble, qui peut durer des années, se soigne en quelques séances. Il faudra comprendre pourquoi on a si peur d'être pénétrée, il faudra aussi pratiquer des petits exercices de contraction et de décontraction des muscles autour du vagin pour bien prendre conscience de son fonctionnement.

▸ Côté garçon

Les troubles de l'érection

Même en l'absence de tout problème psychologique – parfaite confiance en soi et bonne relation avec sa partenaire –, on peut se montrer ponctuellement incapable de fonctionner, il suffit d'avoir peur de ne pas y arriver. Cette simple crainte de l'échec entretient l'échec. L'inverse est vrai aussi : lorsque cela finit par marcher, la fois suivante, c'est déjà plus facile. La confiance engendre la confiance.

Classique aussi, le premier rapport sexuel ou la « première fois » avec chaque nouvelle partenaire tourne à la déroute.

La pénétration devient impossible à cause d'une absence de rigidité de la verge. Si les pannes se répètent, un cercle vicieux peut rapidement s'installer : « Ça ne marche pas, donc je crains l'échec, et comme j'ai peur de ne pas y arriver, ça ne marche plus ! »

Pourquoi cette peur irraisonnée s'installe-t-elle ? Une cause revient souvent en consultation : le rapport sexuel est rendu difficile avec une fille, non à cause d'elle, mais parce qu'on sait qu'auparavant elle sortait avec tel ou tel copain. Du coup, on se sent en compétition avec lui, on se demande si l'on sera à la hauteur comme lui, et le bras de fer se passe en réalité avec lui, non avec sa partenaire.

Que faire et quand vraiment s'inquiéter ? Avant tout, il est important de savoir s'il s'agit d'un problème ponctuel – comme dans l'immense majorité des cas chez l'ado – ou d'un dérèglement qui existe depuis plusieurs mois ou années.

Les questions à se poser : est-on capable d'avoir des érections en dehors de ces rapports sexuels impossibles ? Se réveille-t-on le matin avec le sexe dur ? Est-il possible de bander au cours de la masturbation ou bien en regardant des images excitantes ? Si tel est bien le cas, TOUT VA BIEN. Sur le plan physiologique, la sexualité fonctionne. Le reste est donc question de blocage et de temps.

Il peut y avoir aussi confusion du diagnostic. On s'imagine déjà impuissant, alors qu'on est un éjaculateur prématuré. Le résultat au lit est le même, mais pas le traitement. Si on éjacule avant même d'avoir pu pénétrer sa petite amie, il est bien naturel d'avoir le sexe flasque juste après. Or ce phénomène est un grand classique à l'adolescence, comme on va le voir. C'est donc le trouble de l'éjaculation qu'il faut soigner, non l'impuissance.

Comment traiter les troubles de l'érection

Le traitement repose avant tout sur une attitude de bon sens. Devant sa difficulté sexuelle du moment, surtout ne pas « jeter » la partenaire qui a été le témoin de sa déroute ! C'est le meilleur moyen d'entretenir le cercle vicieux et d'entrer dans la spirale de l'échec. À la rencontre suivante, on appréhendera le rapport avant même la première caresse. Difficile de faire l'amour dans ces conditions. Quant à l'amie écartée, elle ne comprendra rien à son infortune et sera sûrement triste. Du courage, il faut assumer son problème !

Ensuite, réfléchir à la manière de conduire l'acte sexuel afin qu'il procure malgré tout du plaisir à sa partenaire. La pénétration est une chose, mais les préliminaires, les caresses, les mots tendres, la douceur, le sentiment de se sentir désirée, sont tout aussi essentiels pour elle et allègent énormément la situation. Son plaisir à elle agira alors comme un dopant et un stimulant de son plaisir à soi. N'oublions pas qu'il est impossible de commander son sexe, mais ses mains ou sa bouche, oui !

Les réticences ou l'appréhension de la partenaire peuvent aussi être un facteur d'inhibition et induire un manque d'assurance chez le garçon.

Si malgré ces efforts et la complicité sexuelle, l'érection ne vient pas, il existe des médicaments que le médecin peut prescrire. Les vasodilatateurs facilitent la circulation sanguine au niveau de la verge, qui se gonfle et durcit. La bonne nouvelle : les adolescents, avec ou sans médicaments, finissent par dépasser leur problème dans 100 % des cas, encore faut-il avoir envie d'avoir envie et ne pas avoir peur de la relation à deux. Mais s'ils redoutent vraiment de se frotter aux filles (sans jeu de mots), ils peuvent alléger leurs angoisses avec l'aide d'un psychologue.

Les troubles de l'éjaculation

Les adolescents qui consultent pour difficultés sexuelles souffrent dans la majorité des cas d'éjaculation prématurée. En moins de dix mouvements, voire avant toute pénétration, tout est déjà fini. Il suffit parfois même de se déshabiller ou de frôler sa partenaire pour que tout soit accompli. Différents facteurs amplifient le problème : des rapports trop espacés qui entraînent une tension sexuelle difficile à contenir ; l'extrême intensité du désir qui accélère l'éjaculation.

Là encore, il ne faut pas laisser s'installer de cercle vicieux. L'éjaculation vient trop vite parce qu'il y a de l'anxiété et une émotion débordante. Un peu comme une cocotte-minute, la pression doit s'échapper, sinon il y a risque d'explosion. Mais les réflexes conditionnés jouent aussi un rôle déterminant. À force de jouir trop vite, les commandes nerveuses s'habituent et reproduisent le même phénomène chaque fois. Il est donc indispensable de se déconditionner, autrement dit de rééduquer son réflexe, en obligeant progressivement le corps à fonctionner plus lentement.

Comment traiter l'éjaculation précoce

Le frein, la couronne du gland ou le prépuce sont des zones particulièrement sensibles chez certains hommes. À peine stimulées, celles-ci déclenchent l'émission du sperme comme si on avait appuyé sur un interrupteur.

Vous avez peut-être entendu parler des fameuses techniques de « squeezing », c'est-à-dire de pincement du frein peu avant le moment crucial. Elles permettent en théorie de retarder l'éjaculation. Nous ne les recommandons pas. Elles restent très aléatoires, surtout chez l'adolescent, car elles nécessitent une participation importante de la partenaire. Et celle-ci n'est possible qu'avec une grande complicité, confiance et expérience sexuelle.

Le « stop and go » est une technique du même ordre. Son nom est éloquent : « arrêt-départ ». On conseille au garçon de se mettre sous la fille en position allongée, afin d'être plus détendu. Sa vigilance peut alors se concentrer sur la zone sexuelle. Lorsqu'il sent que l'excitation monte, il fait signe à la partenaire d'arrêter la stimulation afin de retarder l'orgasme. Cette méthode est frustrante : au moment précis où cela devient bon, il faut s'arrêter.

Certaines techniques de kinésithérapie permettent de freiner la montée de l'excitation au moyen de mouvements musculaires (contraction des fesses notamment). D'ailleurs, pour la petite histoire, c'est ce que pratiquent les yogis tantriques. Comme ils considèrent la perte de leur précieux liquide vital comme dangereuse, ils essaient d'éjaculer le moins possible au cours de leur existence, tout en ayant des orgasmes. C'est une philosophie... mais certains passent leur vie à essayer de réussir cet exploit.

Une bonne solution momentanée : appliquer sur la couronne du gland (partie renflée) une crème anesthésiante type Emla®, suffisamment puissante pour retarder l'éjaculation. Cette crème, habituellement utilisée pour les petits actes chirurgicaux, s'obtient uniquement sur prescription médicale. Contrairement aux produits vendus dans les sex-shops et qui sont sous-dosés donc inefficaces, elle marche vraiment ! Il faut l'appliquer une heure à une demi-heure avant le rapport, de façon qu'elle pénètre et fasse son effet en temps voulu, mais aussi de manière à avoir le temps de nettoyer le gland aussitôt que la crème a bien pénétré car elle peut rendre le préservatif poreux, donc plus fragile.

Il existe aussi des médicaments – antidouleur, antidépresseurs – qui ont pour effet secondaire de retarder l'éjaculation de plusieurs minutes. Les méthodes de relaxation et d'hypnose médicale sont efficaces, soit en complément des médicaments, soit seules, lorsque l'on a des éjaculations précoces sélectives, c'est-à-dire avec certaines personnes et pas avec d'autres. Au cours de quelques séances, on apprend à respirer et à imaginer la situation tout en la contrôlant. Le réflexe conditionné est alors désamorcé au niveau mental, ce qui est un premier pas indispensable.

La fausse bonne idée que l'on se refile entre copains : mettre deux préservatifs l'un sur l'autre pour serrer le pénis et retarder le plaisir. Cela augmente le risque de rupture du préservatif, sans garantie du résultat.

7.

Répertoire amoureux

On n'imagine pas à quel point la sexualité humaine est inventive, évolutive, et parfois très personnelle ! Quand on songe que l'immense majorité des animaux joue et rejoue sans fin le même scénario, à date fixe, lorsque la femelle est en chaleur et seulement là... L'homme peut, s'il le désire, ne pas limiter sa sexualité à un acte de reproduction, et son répertoire amoureux à l'unique position du missionnaire (l'un sur l'autre, à l'horizontale). Mais la fantaisie n'est pas innée et la sexualité s'apprend. Elle se maîtrise peu à peu avec le temps. L'apprentissage passe par des essais-erreurs et des explorations en tout genre. La période de l'adolescence est souvent peuplée d'expériences inédites : films X, rencontres sur le Net, voyeurisme, etc., pour voir, essayer, savoir ce qui fait plaisir et ce qui fait désir.

Où est la norme ? Jusqu'où peut-on aller ? Quelles sont les limites à ne pas franchir ? Est-il « bien » ou « mal » de tenter certaines expériences ? L'éducation et la religion mettent des barrières destinées à contenir les excès, parfois dangereux. Ces expériences sont facteurs d'épanouissement et d'équilibre pour certains, de transgression et de culpabilité pour d'autres. À chacun de trouver sa voie, avec toujours en tête le respect de l'autre et de soi-même.

Les fantasmes

Le fantasme érotique est un peu une caresse de l'esprit. Il permet d'apprivoiser des situations et des comportements que l'on pense difficiles à maîtriser. On s'autorise tout ce qui, dans la réalité, paraît impensable, impossible à tenter. L'autre utilité du fantasme, un peu comme celle du rêve, est de libérer les tensions sexuelles inassouvies. Il n'y a pas de honte à fantasmer, quelles que soient ses pensées. Toutefois, certaines d'entre elles sont perturbantes, car elles mettent en scène l'homosexualité ou la violence, et l'on redoute un éventuel passage à l'acte. Les fantasmes ne sont pas faits pour être réalisés mais pour fabriquer de l'excitation ou encore revivre ses émotions et ses désirs. Il suffit de fermer les yeux pour recomposer le film de ce qui s'est passé. Les filles fantasment autant que les garçons. Elles ont des pensées un peu plus fleur bleue (un baiser enflammé dans les bras de leur amoureux ou d'une star de cinéma, l'amour sur une plage au soleil couchant...), associées à une sacrée imagination.

Quels sont vos fantasmes ?

Comme les filles ont un sexe interne et caché, leurs fantasmes sont plus souvent tournés vers l'accueil et le recevoir (caresses, baisers, soumission, viol, etc.). Elles sont aussi plus cérébrales, donc sensibles aux parfums, à la musique, à la notion d'interdit, à l'inconnu imaginaire...

Les garçons, eux, ont un sexe externe, les fantasmes sont davantage tournés vers la possession et la puissance (la femme – souvent plus âgée – qui n'en peut plus de désir et de plaisir, la domination, la multiplication des partenaires, etc.). Ils sont aussi plus visuels et centrés sur leur pénis ou le sexe de leur partenaire, donc particulièrement stimulés par la vision des sexes mélangés ou des scènes érotiques (films X, scènes chaudes sur Internet...).

Faut-il avouer ses fantasmes ?

Certains ont essayé à leurs risques et périls. Toute vérité n'est pas forcément bonne à dire. Nous avons tous un jardin secret, les fantasmes en font partie. Dire à l'autre ce à quoi l'on rêve en secret peut le choquer et créer une grande incompréhension.

L'homosexualité

À l'adolescence, les pulsions sexuelles sont particulièrement fortes, et beaucoup d'ados tentent l'expérience avec un partenaire de même sexe à la recherche de leur double. Le plus souvent, rien de définitif là-dedans, on peut être attiré par un garçon ou une fille et changer de comportement amoureux avec le temps et au fil de ses expériences.

Parfois, les contacts physiques entre personnes du même sexe résultent tout simplement de la promiscuité et de l'absence de partenaires (pensionnat...). Le principe est que l'on « fait avec ce que l'on a ». Il arrive encore que l'on mette volontairement à distance l'autre sexe parce que l'on en a peur et que l'on préfère se rassurer avec ses semblables. Et puis, les codes de séduction ont changé ces dernières années, sans doute sous l'influence des films pornos. Dans les soirées, les filles s'embrassent à pleine bouche et dansent entre elles. Pas d'homosexualité ici, pas même d'amitié amoureuse, mais de la provocation sans doute, peut-être une nouvelle manière de transgression.

L'attirance exclusive pour une personne de son sexe existe naturellement, parfois depuis l'enfance. Tout petits déjà, certains ont rêvé de jouer « au docteur et à l'infirmière » avec quelqu'un comme eux. Lorsque l'attirance est forte, elle se repère à des fantasmes érotiques entre filles exclusivement ou entre garçons, mais surtout – c'est un signe qui ne trompe pas – à une absence totale de désir pour l'autre sexe.

Est-elle héréditaire ?

Sans doute que non, même si quelques travaux très approximatifs essaient de réduire l'homosexualité à une simple mutation génétique contre laquelle on ne peut rien, puisque ce serait « la faute aux gènes ou aux hormones ». Nous pensons, au contraire, que l'homosexualité est un vrai choix, affectif, psychologique et social, malheureusement difficile à assumer à cause de la norme sociale (98 % des couples sont hétérosexuels). Selon l'enquête CSF 2006, 4 % des femmes et des hommes de 18 à 69 ans déclarent avoir déjà eu des pratiques sexuelles avec un partenaire de même sexe (ce qui ne signifie pas qu'ils sont homosexuels exclusifs ou bisexuels). 0,1 % des femmes et 0,5 % des hommes n'ont eu des rapports sexuels qu'avec une personne de même sexe. Ces chiffres sont probablement plus élevés dans la réalité.

Si l'on a des doutes, à qui en parler ?

Il n'est pas forcément indiqué de se confier à son meilleur ami : la loi du groupe a une telle importance que le confident est parfois très intolérant et qu'il a vite fait de faire de son interlocuteur un coupable, un monstre, voire une « gouine » ou une « tapette » méprisable. Les jeunes filles ou garçons qui s'interrogent sur leur orientation sexuelle peuvent commencer par appeler la Ligne Azur 0 810 20 30 40 (entre 17 h et 21 h) et aller sur le site www.ligneazur.org. Ils peuvent aussi s'adresser à un adulte proche et ouvert ou, pourquoi pas, à un psychologue. Mais, avant tout, il est indispensable d'apprivoiser pour soi cette réalité-là pour mieux la dire et mieux la vivre. Au clair avec soi-même, il est plus facile d'affronter les doutes, les sarcasmes ou la peine des autres.

♦ *Et si on a une homosexualité honteuse ?*

Il est difficile de passer toute une vie à faire « comme si... », à « être ce que l'on n'est pas ». Feindre de vivre une vie hétérosexuelle jugée plus normale, alors qu'on est « homo » dans l'âme, est une souffrance indicible. Si ce que l'on a entendu dire sur les homos finit par entraîner un dégoût de soi-même, si l'on se sent honteux, il faut bien comprendre que ni la société ni personne n'a le droit de vouloir que l'on se haïsse. On est normal, on n'est pas seul au monde à être ainsi et on a droit au même respect que n'importe qui d'autre, à commencer par sa propre estime personnelle. Les comportements homosexuels font partie des comportements amoureux. Ils font partie de la personne mais ne la résument pas. Si les autres n'acceptent pas cette manière d'aimer, tant pis pour eux. L'intolérance est de leur côté uniquement. Pour passer le cap et s'entourer des conseils de ceux qui sont déjà passés par là, on peut contacter des associations gay comme le Centre gay et lesbien qui regroupe différentes associations lesbiennes, gay, bi et trans, et propose aides juridiques et conseils en tout genre. C'est aussi un lieu de réunions, de contacts, ainsi que le siège social d'associations.
Contact : www.centrelgbtparis.org - 01 43 57 21 47.

♦ *Faut-il l'annoncer à ses parents ? Comment ?*

Les parents font rarement preuve d'originalité face à cette situation. Ils sont surpris ou carrément effondrés. Certains minimisent la situation (« Tu es fatigué », « Ça va passer »), d'autres refusent de l'affronter et préféreraient ne pas savoir, d'autres encore culpabilisent et se demandent quelle erreur d'éducation ils ont commise. Quelques-uns font du chantage affectif, d'autres coupent les ponts tellement l'idée leur paraît insupportable (surtout parce qu'il leur faudra affronter le jugement et le regard des autres)... Rares sont ceux qui sortent le champagne pour fêter l'événement (mais il y en a quand même).

Alors, avant d'aller à la confrontation, mieux vaut réfléchir, affûter ses arguments, se préparer à l'éventualité d'un conflit, voire d'une rupture (provisoire ou définitive). Si, au bout du compte, on choisit de l'annoncer, le ton a son importance. Si on présente la chose de manière catastrophée comme une mauvaise nouvelle, ils la prendront de manière catastrophée aussi, comme une mauvaise nouvelle. Si, en revanche, on aborde le sujet de façon plus neutre, mais ferme et assurée, ils comprendront que la question n'est pas négociable et qu'on ne leur demande pas leur avis : « Je voulais vous dire que je suis homosexuel et que j'aime Untel. Je sais que c'est dur pour tout le monde, mais je suis heureux comme ça, ne vous inquiétez pas ! » Résultat sans garantie, mais au moins, vous vous serez respecté.

♦ *Et si ma petite amie avoue être attirée par les filles ?*

Les filles, plus facilement encore que les garçons, ont des rapports troubles avec leur meilleure amie. Elles ne passent pas toujours à l'acte, loin de là, mais fantasment beaucoup. C'est tout à fait classique et le plus souvent transitoire. L'important est que tout fonctionne dans le couple, le reste – ses fantasmes – lui appartient.

♦ *Et si mon meilleur ami est homosexuel ?*

Si c'est le cas, pourquoi ne pas faire preuve de tolérance et de respect ? Après tout, pourquoi le choix de l'orientation sexuelle du plus grand nombre devrait-il être imposé à tous ? Qui peut juger l'autre ? Imagine-t-on seulement quelle souffrance il y a à découvrir son homosexualité, à entendre les camarades autour de soi traiter les autres de pédés ou de tapettes, alors qu'on se sent concerné ? À fantasmer sur un homme auquel on n'avouera jamais son secret ? À passer pour un asexué ou un attardé parce qu'on n'a pas encore « baisé » comme les autres ? La souffrance de ces ados est telle que, souvent, ils se replient sur eux-mêmes, enfouissent leur drame intime et parfois se suicident (on parle de 30 % de suicides en plus chez les gays).

Si on vous fait l'amitié de vous mettre dans cette confidence, le mieux n'est-il pas d'accepter l'autre tel qu'il est en mettant les points sur les i : « Je t'aime comme tu es, mais comme ami » ? Voilà tout !

La masturbation

« La seule façon de faire l'amour avec quelqu'un qu'on aime vraiment bien », a dit Woody Allen. Pourquoi fait-on cela ? À quoi ça sert ? Est-ce une déviation sexuelle ?

La masturbation est un acte naturel pratiqué par de nombreux animaux, l'homme y compris. Comment les bêtes s'y prennent-elles ? Facile : en balançant leur sexe ou en le frottant contre un arbre. Les bébés connaissent ce même plaisir instinctif. Selon le rapport Kinsey sur la sexualité humaine, la moitié des garçons découvriraient le plaisir sexuel avant l'âge de 7 ans.

Le dictionnaire définit la masturbation comme une « activité visant à provoquer l'excitation des zones génitales, soit directement à main nue, soit au contact de tout objet directement appliqué sur le sexe pour le stimuler ». Cette pratique procure à la fois du plaisir et libère les tensions. Elle calme et apaise, surtout en période d'anxiété ou de stress.

Mais alors, pourquoi est-elle si mal vécue dans nos cultures ? Pourquoi les parents qui surprennent ce geste chez leur enfant disent-ils : « C'est mal », « C'est sale », « C'est honteux » ? L'histoire est ancienne... Le plaisir solitaire est avant tout réprouvé parce qu'il met en péril l'avenir de l'espèce humaine. La précieuse semence est perdue dans la nature au lieu de participer à la reproduction.

Ironie de l'histoire, la masturbation est aujourd'hui considérée par les sexologues et les psychologues comme nécessaire à la découverte de l'intimité de son corps, donc, par contrecoup, à la procréation ; elle est l'atout nécessaire à une sexualité adulte épanouie. Se connaître mieux, c'est être plus sûr de soi.

La fille qui se caresse depuis longtemps connaîtra plus facilement le plaisir lors de la pénétration si elle parvient à intégrer sa façon de déclencher l'orgasme (réflexe) au contexte du couple.

Le garçon qui se masturbe pourra apprendre de cette manière à ne pas être un éjaculateur précoce. Au lieu de se stimuler et d'en finir rapidement (en culpabilisant généralement), il peut au contraire prendre tout son temps, apprendre à retarder le moment du plaisir en cessant de se caresser au seuil de l'excitation, ce qui crée un conditionnement physiologique et une maîtrise enviable : le *sex-control*.

Alors, pour répondre aux questions de nombreux ados : la masturbation n'empêche pas de faire l'amour, au contraire, elle apprend à mieux faire l'amour. Elle ne rend ni sourd, ni malade, ni même stérile et elle ne déforme pas la vulve ou le pénis. Elle peut en revanche provoquer des échauffements et des irritations. Chez la fille, une pommade réparatrice et antibactérienne comme le Cicalfate® pourra éteindre le feu sur la vulve. Chez le garçon, l'échauffement peut aller jusqu'à la brûlure du second degré (apparition d'une cloque) sur le pénis. En ce cas, pas d'affolement, c'est impressionnant mais sans gravité ! Il suffit d'appliquer sur la zone lésée une crème apaisante comme la Biafine® (radicale contre les brûlures) et d'attendre quelques jours que tout rentre dans l'ordre.

Le seul vrai danger des caresses en solo est la tentation de fonctionner en circuit fermé. Comme on trouve ça plutôt bon, facile et pratique, on ne se donne même plus la peine de nouer des relations avec l'autre. D'où un risque d'isolement et d'enfermement.

Le porno

71 % des garçons de 14 à 19 ans et 40 % des filles ont déjà regardé des images pornographiques. 30 % des garçons de 15 ans ont vu au moins dix films pornos dans l'année.

Toutes les générations ont fantasmé sur la représentation des corps nus dans les différentes positions de l'amour. L'avantage des images d'autrefois (manuels, revues), c'est qu'elles laissaient libre cours à l'imaginaire. L'avantage des images d'aujourd'hui (DVD, jeux, mangas pornographiques), c'est qu'elles montrent mieux les choses ; leur inconvénient, qu'elles montrent mieux les choses aussi... Trop en voir diminue certains doutes mais en crée d'autres. On comprend mieux la marche à suivre, mais les comparaisons sont souvent calamiteuses : les seins gros comme des melons, la taille des sexes exposés, le temps des érections, tout cela laisse envieux et crée des frustrations... Autre confusion possible : s'imaginer que tout le monde ne pense qu'à faire l'amour du matin au soir. Qu'une fille peut se déshabiller au bout de trente secondes et arracher sa chemise à un inconnu. Qu'un garçon est forcément agressif et méprisant. Que l'amour se résume à des rapports sadomasos. D'ailleurs, en consultation médicale chez le gynécologue, on commence à rencontrer des adolescentes qui se plaignent de la sexualité de leur compagnon un peu trop porno. Traduisez sans douceur ni préliminaires. La tendresse, l'affection, la délicatesse ou le respect de l'autre ne sont jamais montrés à l'écran, or ces sentiments sont les piliers de la relation amoureuse.

♦ *Les images pornographiques dès l'adolescence peuvent-elles avoir des répercussions sur la sexualité à venir ?*

La réponse est nuancée. A priori, le porno n'est pas dangereux si ces images ne deviennent pas indispensables et systématiques pour parvenir à jouir seul ou en couple ; si l'on sait qu'il s'agit là d'une toute petite partie de l'amour et que les pratiques sont en réalité infiniment plus variées, alternativement douces ou crues, subtiles ou animales, tendres ou excitées... ; si l'on vit dans un environnement où les hommes respectent les femmes (et inversement) ; si à la maison, son père ne passe pas son temps à humilier sa femme avec un comportement machiste. Tant que le porno reste un jeu pour rire entre copains et pour apprendre, pas de souci.

♦ *Ma mère trouve que je m'habille trop « sexe » et refuse que je sorte comme ça. Mon corps m'appartient et je fais ce que je veux, non ?*

Alors qu'on se trouve super jolie dans sa petite jupe avec le string qui dépasse, les parents vont jouer les rabat-joie et exiger que l'on se change illico. On se met dans la tête des parents une seconde. En réalité, ils ne jugent pas leur progéniture qu'ils trouvent sûrement très jolie, mais ils prennent des précautions élémentaires. À la maison, avec les copains/copines, cette tenue peut encore passer mais dehors c'est autre chose, il y règne le code de séduction des adultes. Un homme qui voit une jeune fille s'exhiber si court vêtue s'imaginera - même sans être un pervers - qu'elle est disponible sexuellement, ce qui n'est évidemment pas le message que l'ado veut lancer (la minijupe, c'est parce que c'est la mode et qu'elle veut vérifier son pouvoir de séduction. Qui parle de sexe ?). N'empêche que face à elle, certains hommes seront prêts à prendre leurs désirs pour des réalités. D'où l'incompréhension et le choc des cultures. D'où les risques qu'il vaut mieux éviter. Sur ce terrain, faire un peu confiance aux parents, c'est très bien.

Les sex-toys

Avec la styliste branchée Sonia Rykiel, le petit canard de l'enfance s'est métamorphosé en vibromasseur qui stimule le clitoris. Au rayon du plaisir, on trouve aussi le rouge à lèvres qui sert de petit joujou vibrant et caressant. Les anneaux se sont mis à vibrer autour des préservatifs pour mieux amadouer le clitoris et procurer des sensations voluptueuses au garçon qui les porte. Quant aux lubrifiants, ils ne servent pas qu'à faire glisser le pénis de l'homme, mais à déclencher des perceptions insolites, chauffantes ou refroidissantes.

Notre avis sur la question : les sex-toys sont des gadgets réservés aux adultes. Leur fonction est d'étonner, de faire découvrir de nouvelles sensations, de renouveler le cinéma érotique quand les fantasmes ou les libidos sont un peu fatigués. Au début de la vie sexuelle, ces objets ou ces dispositifs n'ont a priori aucune utilité. On tente déjà de découvrir l'autre sexe et soi-même. Les messages pourraient être brouillés. Il sera toujours temps d'utiliser ces joujoux les « jours de fête », lorsqu'on sera plus expérimenté(e).

♦ *Y a-t-il des risques à utiliser des sex-toys trop jeune ?*

Si le corps s'habitue à être surstimulé systématiquement, il y a des chances qu'il réagisse beaucoup moins bien avec une stimulation classique – pour ne pas dire banale – de son partenaire. Et plus tard, si on a déjà employé toutes les munitions disponibles, à quoi pourra-t-on faire appel pour réveiller sa libido ? D'où l'intérêt de ne pas être systématique, et de laisser de la place à la découverte et au jeu avec l'autre.

Les déviations sexuelles

Autrefois, on parlait de perversions sexuelles, une expression aux connotations morales plus fortes, laissant entendre l'idée de maladie mentale, de mal et de cruauté, avec désir de nuire.

Déviation signifie simplement écart par rapport à la norme de la société. Ici, plus de notion de bien ou de mal, simplement une notion géographique ou statistique : on dévie du chemin tracé par la majorité. Une déviation peut être une simple fantaisie sexuelle ou un vrai problème pathologique. La frontière n'est pas toujours évidente.

De fait, tout le monde peut, un jour ou l'autre, être voyeur, exhibitionniste, masochiste ou sadique. Il suffit de regarder un film classé X entre amis, de recevoir ou d'envoyer sur son portable la photo ou la vidéo compromettante d'une copine... Ce qui fait la différence entre un voyeur d'un jour et un vrai voyeur, c'est la répétition de ce comportement et l'impossibilité de trouver du plaisir autrement. C'est aussi le fait de vivre ses fantasmes. La déviation a besoin d'un passage à l'acte et d'une mise en scène, sinon l'excitation sexuelle demeure insuffisante. Lorsqu'on se contente au contraire de rêver la situation, lorsque celle-ci reste imaginaire, ce n'est pas une déviation sexuelle, c'est un fantasme.

Mais au fond, quel problème y a-t-il à emprunter un chemin sexuel différent de la norme ?

Comme avec la drogue, il y a le risque de l'escalade. Il faut aller toujours plus loin dans ses expériences pour provoquer une excitation. Au début, le voyeur se contentera de films pornos, puis il espionnera les autres en train de faire l'amour, puis il demandera à regarder sa partenaire avoir une relation avec un autre, etc. D'où, justement, le problème de la partenaire. Est-elle d'accord avec ce qu'on lui demande ? Doit-elle faire plaisir à son chéri en niant ses propres principes ? Il y a de fortes chances qu'elle se sente humiliée et refuse.

Quelques déviations sexuelles

Le **voyeuriste** est plus excité à l'idée de voir les autres faire l'amour que d'agir lui-même. Il est passif, souvent caché.

L'**exhibitionniste**, à l'inverse, va exhiber sa nudité et plus particulièrement son sexe (c'est le fameux « monsieur à l'imperméable »). Il est généralement inoffensif et passe rarement à l'acte. Le trouble provoqué chez l'autre (peur, dégoût ou surprise) le stimule sur le moment ou ensuite au cours de la masturbation. Il n'est pas rare que se forment des couples voyeur-exhibitionniste et, en ce cas, tout le monde est content.

Le **fétichiste** a besoin d'un objet fétiche ou d'une particularité spéciale pour être excité au cours de l'acte sexuel (une chaussure, un sous-vêtement, une tenue cuir ou autre, une femme à très grosse poitrine, à l'accent particulier). Très souvent, ce comportement est lié à un souvenir d'enfance qui a provoqué une intense émotion sexuelle. L'enfant a fixé par hasard, à cet instant, un objet particulier (ou une personne spéciale) et il cherche à reproduire coûte que coûte ce même environnement pour retrouver la même émotion. L'inconvénient, c'est que, pour parvenir à l'orgasme, l'objet va davantage compter que la partenaire !

Le **masochiste** éprouve le besoin de souffrir. Pourquoi une telle bizarrerie, alors que l'acte sexuel est a priori un acte d'amour qui fait du bien ? Le masochiste a pu être sévèrement puni par ses parents ou ceux qui l'ont éduqué, après une masturbation, ce qui a favorisé l'association d'idées « sexualité = souffrance ». Il a pu ressentir, au cours d'une fessée reçue (ou d'insultes proférées), un plaisir sexuel inoubliable. De là est née sa déviation. Il réclame à sa partenaire des sévices corporels plus ou moins sévères, il veut avant tout être humilié ou puni.

Le **sadique** est l'inverse du masochiste. Il a besoin de faire mal, d'insulter, de punir, pour être excité. Voilà pourquoi se forment des couples sadomasos. La violence y est consentie et recherchée. Est-elle pour autant plus acceptable ? Difficile de juger. Là encore, tout dépend des limites, même si elles sont acceptées par les deux partenaires.

Certaines déviations sont peu glorieuses, voire franchement criminelles : la zoophilie (relations avec un animal), la pédophilie (l'adulte impose des relations sexuelles à des enfants ou des adolescents à peine pubères), la pédérastie (il recherche des relations avec des enfants exclusivement de son sexe), etc.

La déviation sexuelle exclut, le plus souvent, l'épanouissement des deux partenaires du couple pour n'en privilégier qu'un seul, elle crée donc solitude et souffrance.

Est-ce une maladie ? Tant qu'on n'impose pas ses lubies à une personne qui les réprouve et que l'on peut vivre aussi sa sexualité comme tout le monde, la réponse est non ; en revanche, si c'est impossible, s'il faut vraiment voir ou se montrer, faire mal ou avoir mal, il y a problème et il faut se soigner au moyen d'une psychothérapie. Le thérapeute aidera à découvrir pourquoi on fonctionne ainsi et comment on peut sortir de cette impasse.

8.

Prises de risques

Les prises de risques à l'adolescence sont presque banales mais parfois périlleuses. Nous explorons ici certaines d'entre elles, non pour jouer les rabat-joie mais pour en cerner précisément les risques (que l'on prendra alors, éventuellement, en connaissance de cause). Ce chapitre propose aussi des parades pour s'en sortir.

Les soirées *no limit*

Aujourd'hui, ces soirées associent alcool-drogue-sexe-défonce-défi-imagination. Tapez sur YouTube « skin parties » et vous assisterez éberlués à des nuits ultra-survoltées aussitôt mises en ligne sur le Net, car l'important est aussi de s'exhiber. Des jeunes de tous les milieux s'affichent en minijupe, short moulant, collants léopard ou fluos, cape de Batman, masque d'animal, style baroque ou BD : ça doit choquer ! Imbibés d'alcool, de décibels, de nicotine, de drogue et de sexe, ils se roulent des pelles à gorge déployée. Moyenne d'âge : 16 à 18 ans maximum. Les participants eux-mêmes parlent de soirées décadentes et d'orgies. Les adultes, eux, y voient l'exhibitionnisme d'une génération nourrie au porno et à la téléréalité.

Marginal, ce phénomène *no limit* ? Nul ne peut encore le dire, les chiffres n'existent pas. Mais les organisateurs de soirées voient la fréquentation monter de manière régulière, à Paris et en régions.

Sans atteindre tous ces débordements vestimentaires et sexuels, les soirées où l'alcool voire la drogue circulent sont devenues incontournables.

Dans certaines fêtes organisées après le bac par les écoles de commerce (ou les autres), « il y a ceux qui boivent pour se désinhiber un peu et ceux qui veulent se biturer complètement, témoigne une élève du bureau des élèves. La moyenne, c'est une bouteille d'alcool fort pour trois étudiants. On a des jeux assez drôles pour boire beaucoup. Les *beer contests* consistent à jouer par équipes de deux (une fille, un garçon), le couple qui gagne est celui qui a bu le plus de bière. On a aussi le "Ricard mètre", un mètre de Ricard à avaler au bar. Ou alors on boit le plus de verres en une fois pour être complètement déchiré, ça s'appelle le *binge drinking*. Pour beaucoup de jeunes, prendre une cuite, c'est valorisant, un peu comme un exploit ou un défi qu'on s'est posé. On devient une star ».

On le sait, « on n'est pas sérieux quand on a 17 ans ». On a le goût de l'interdit et de la transgression, l'envie de se mettre en danger pour éprouver ses capacités et sa force, on a besoin de se désinhiber et de parler avec assurance, besoin de se prendre pour les rois de la fête alors que justement, dans la période tumultueuse qu'on traverse, cette confiance en soi fait cruellement défaut.

À l'origine du besoin de défonce, on trouve sans doute sa difficulté à affronter le monde stressant proposé par les adultes : « On a le sentiment que tout est interdit, résume lucidement Marine (19 ans). On ne doit plus fumer, on doit faire attention au sida, on a le permis probatoire à six points, on a la pression des études sur les épaules, les parents sur le dos, la perspective du chômage, la crise mondiale qui menace d'exploser, les menaces sur l'environnement... En même temps, la pub nous a habitués à consommer, elle nous a fait croire que tout était possible, alors on veut en profiter à 100 % avant que la planète ne parte en fumée. »

L'alcool et la drogue

Question sexe, l'alcool et la drogue permettent-ils de se jeter à l'eau plus facilement et d'aborder un garçon ou une fille qui nous plaît ? Augmentent-ils les performances sexuelles ? La réponse est nuancée. L'alcool comme la drogue sont des psychostimulants, actifs au niveau du cerveau. À dose modérée, ils lèvent les inhibitions (blocages) et permettent de se lâcher, d'être plus entreprenant, parfois plus drôle ou déluré. Ils provoquent une légère euphorie, l'envie de rire, une détente, du plaisir.

L'inconvénient, c'est que très vite, ce sentiment de pouvoir tout faire, dû au produit, peut donner l'impression qu'on est inhibé et bloqué lorsqu'on n'a pas le produit. Habitués à fonctionner à 200 à l'heure, certains supportent mal de rouler ensuite à 100 à l'heure, au régime sec, sans dopant. D'où la tentation de l'escalade ou l'idée d'essayer d'autres produits aux promesses mirifiques.

Un verre + un verre + un verre... c'est le flop !

Lorsque vous buvez en boîte ou au restaurant un verre standard, vous consommez une unité d'alcool. Le fait d'ajouter du Coca au whisky, de l'orange à la vodka ne change pas la quantité d'alcool contenue dans le verre, cela ne fait que diluer le goût et l'alcool.

Les prémix (vodka, tequila, etc.) sont certes mélangés à de la limonade, mais leur teneur en alcool fait tout de même 5 à 6°, et il y a tellement de sucre que le goût de l'alcool passe pratiquement inaperçu, d'où la tentation d'en prendre plusieurs canettes d'affilée. Une ado de 14 ans qui pèse 48 kg et prendrait deux canettes de prémix (24 g d'alcool) se retrouverait avec une alcoolémie de 0,9 g par litre de sang, alors que pour prendre le volant, il ne faut pas dépasser 0,5 g !

L'alcool au volant est la première cause de mortalité évitable chez les jeunes. Le cannabis multiplie par 1,8 le risque d'accident. L'alcool le multiplie par 8,5. L'alcool et le cannabis le multiplient par 15 !

Pour info : un demi de bière = un ballon de rouge = une coupe de champagne = une dose de whisky (un baby) = une unité d'alcool = 10 g d'alcool pur. Une canette de bière à 5° = 1,5 unité d'alcool = 15 g d'alcool pur.

Boire une fois par semaine beaucoup est aussi risqué pour la santé (et le cerveau, notamment) que de boire tous les jours un peu trop.

Il faut savoir aussi que l'alcool comme le cannabis amplifient l'humeur du moment : si on est gai, on deviendra euphorique ; si on est triste, on pourra s'effondrer en larmes ; si on est fatigué, on s'endormira (et adieu les prouesses au lit) ; si on retient de la colère en soi, on deviendra agressif et violent. En tout cas, lorsqu'on n'est plus maître de soi, tout est possible. Est-on prêt à assumer d'avoir fait l'amour avec n'importe qui et sans préservatif, d'avoir pris le risque inconsidéré d'une grossesse ou d'une infection sexuellement transmissible ? Est-on sûr d'assumer de retrouver sur Facebook, YouTube ou sur les mobiles des images de soi qui nous poursuivront à vie alors qu'on aura déchanté ?

Sans parler des violences associées à ces fêtes. On peut subir un viol ou violer une fille (les chiffres sont loin d'être anodins, voir p. 187).

La fête c'est cool, mais à doses raisonnables (pas plus de trois ou quatre verres en espaçant bien chaque prise d'alcool). Essayer par curiosité un joint ou en fumer de temps en temps n'est pas forcément dénué de risque. Quant aux autres produits, certains peuvent être mortels dès la première fois. Avec l'ecstasy, par exemple, dans 1 cas sur 12 000, on peut mourir !

Les nouvelles drogues de synthèse qui circulent peuvent aussi être très dangereuses !

Le cannabis, un faux ami

Le cannabis a des effets sur le système nerveux : il lève les inhibitions, procure une sensation de bien-être et rend euphorique (c'est ce qui est recherché), mais il endort un peu et altère la mémoire à court terme. On peut tout oublier de la soirée que l'on vient de passer ! Ses effets durent en moyenne 2 à 10 heures, selon la dose consommée, le mode de consommation et sa sensibilité individuelle.

Attention, cannabis et volant ne font pas bon ménage : le temps de réaction est allongé, on peut moins facilement contrôler sa trajectoire, on a une mauvaise appréciation du temps et de l'espace.

À moyen ou à long terme, des effets sur le système hormonal ont été observés, avec une réduction de la testostérone (l'hormone mâle) et, en cas de consommation importante, une diminution de la production des spermatozoïdes et des cycles sans ovulation chez la fille. La prise de cannabis augmente le risque de développer une schizophrénie ou des troubles psychotiques. Enfin, les goudrons de la fumée d'une cigarette de cannabis (environ 50 mg) sont plus élevés que dans une cigarette de tabac (12 mg). Les produits cancérigènes sont également plus importants. Le cannabis n'est donc pas aussi inoffensif qu'il en a l'air. Ce n'est pas parce qu'il n'entraîne pas de dépendance physique qu'il ne provoque pas d'autres maux.

(Source : Expertise collective de l'Inserm, *Cannabis, quels effets sur le comportement et la santé*, septembre 2008.)

Tout connaître sur les drogues qui circulent, leurs effets et leurs dangers

Site Internet www.drogues.gouv.fr, avec en plus la possibilité de poser des questions.

Drogues info service : 0 800 23 13 13, 7 jours sur 7, 24 heures sur 24. Appel gratuit d'un fixe. Renseigne sur toutes les substances psychoactives, alcool, tabac et médicaments y compris.

♦ *À partir de quand l'alcool fait-il vraiment mal ?*

Les dommages immédiats de l'alcool sont sérieux : agressivité, perte de contrôle en scooter ou au volant, oubli du préservatif, passage à l'acte en cas de tendances suicidaires. Il y a aussi les dommages différés : plus la consommation est précoce, plus le risque augmente de développer des problèmes avec l'alcool. À 12 ans, un buveur régulier double son risque de dépendance ensuite.

À l'adolescence, le cerveau est en pleine maturation, d'où des répercussions à la fois sur la vie personnelle, sentimentale, sociale et scolaire. « Un jeune est plus sensible à l'alcool qu'un adulte à cause de son moindre poids et du déficit de l'enzyme qui lui permet d'éliminer l'alcool, explique le professeur Michel Reynaud, spécialiste en addiction à l'hôpital Paul-Brousse. À 15 ans, l'alcool excite et majore les sensations, à 40 ans, il a plutôt un effet sédatif, car les voies nerveuses empruntées sont différentes. » Par ailleurs, on sait que les filles deviennent plus rapidement dépendantes que les garçons, c'est vrai aussi à l'âge adulte, on observe des différences de vulnérabilité entre les hommes et les femmes.

L'âge moyen de la première cuite est 16 ans.

Les garçons consomment 3 fois plus que les filles.

12 % des jeunes boivent régulièrement.

Chez l'adolescent et le jeune adulte, on compte environ 7 ivresses par an. (Chez les plus de 55 ans, ce chiffre tombe à 2 ivresses par an.)

10 % des consommateurs (jeunes ou vieux) souffrent d'un usage nocif.

5 % des consommateurs (jeunes ou vieux) souffrent de dépendance.

♦ *Quand a-t-on le plus de risque de devenir dépendant ?*

Un bon nombre de grands fêtards deviendront relativement sobres vers la trentaine. Mais lorsque la consommation d'alcool a été précoce (avant 14 ans), lorsqu'on boit pour diminuer sa souffrance ou rechercher des sensations excessives, lorsqu'on cumule les consommations (plus de 250 ml à 40° par soirée), lorsqu'on répète les consommations à risque (plus de dix cuites par an), on augmente son risque de dépendance. Les ados angoissés et tourmentés semblent plus exposés, tout comme ceux qui ont une susceptibilité génétique (c'est vrai aussi pour le cannabis). Ces facteurs ne sont pas déterminants à eux seuls, mais ce sont des facteurs de risque supplémentaires.

♦ *Que faire pour ne pas finir défoncé ?*

L'alcoolisation devrait rester exceptionnelle, ce qui signifie perdre l'habitude de s'alcooliser sans limite tous les samedis soir.

Éviter de faire la fête avant les contrôles ou les examens, la tentation serait trop forte.

Ne jamais prendre le volant quand on a bu, c'est un incontournable. Quitte à rester dormir chez les copains, à se faire raccompagner par un jeune sobre ou à rentrer en taxi.

♦ *Quand consulter en cas de problème ?*

Si on s'est retrouvé aux urgences de l'hôpital pour ébriété ou si on trempe dans son vomi toutes les fins de soirées, si son rendement scolaire chute, si on a des conduites délinquantes ou déviantes associées (tabac, drogues, scarifications, boulimie, etc.), il est temps de prendre soin de soi et d'en parler à une personne de confiance.

♦ *Qui consulter en cas de problème ?*

Si on ne souhaite pas en parler à ses parents, on peut toujours en parler à l'infirmière du collège ou du lycée (elle est tenue par le secret professionnel) ou alors à son médecin traitant. Penser aussi aux centres médico-psychologiques (CMP), médico-psycho-pédagogiques (CMPP) ou les Maisons des adolescents, d'accès gratuit. Demander l'adresse à la mairie de sa ville ou à la DDASS de son département. Ou alors appeler Drogues info service : 0 800 23 13 13 (y compris pour l'alcool et le tabac). On peut aussi s'adresser à Fil santé jeunes, plateforme d'écoute et d'échange pour les jeunes (anonyme et gratuite) : composer le 32 24, tous les jours de 8 heures à minuit ; www.filsantejeunes.com.

Les violences sexuelles

Le viol est une relation sexuelle non désirée. Toute la question est de savoir faire la part des choses entre un vrai refus et du cinéma, entre ce qui est permis et ce qui est interdit.

Un repère à avoir pour ne jamais aller trop loin : être respectueux de l'autre. Tant que la relation a lieu sans violence et sans contrainte, elle est normale. Mais, dès qu'elle s'inscrit dans la violence, la pression psychologique, la surprise ou la soumission, elle est dangereuse et porte un nom : le VIOL. Celui-ci concerne tout « acte de pénétration sexuelle » : pénétration vaginale, anale (sodomie), orale (fellation) ou pénétration par la main ou avec des objets.

Souvent à l'origine de ces dérapages : l'absence d'interdits et de tabous, l'imitation de scènes pornographiques, la répétition de violences subies soi-même et, souvent, le rôle stimulant de l'alcool, de la drogue et du groupe.

À plusieurs, a fortiori après avoir un peu trop bu ou fumé, on accomplit plus facilement des actes qu'on n'aurait jamais osé accomplir seul. Cela s'appelle des viols en réunion. Dans les cités, on parle plutôt de « tournantes ». Au fond d'une cave ou ailleurs, on passe à plusieurs sur une fille, histoire d'affirmer sa virilité au sein de la bande.

Si on assiste à un viol, il faut intervenir. De l'extérieur, on n'est pas dans l'excitation générale qui éteint la notion de respect. On peut ramener le(s) autre(s) à la raison. On peut sauver une vie. En cas de silence, on est responsable de « non-assistance à personne en danger », un délit, sévèrement puni par la loi.

Il faut le savoir, le passage à l'acte d'une poignée de secondes peut saccager toute une vie. Une fille violée peut en être traumatisée pour toujours, sa sexualité brisée et sa confiance envers les hommes détruite. La violence la plus dure selon les victimes n'est pas la blessure physique, mais ce terrible sentiment d'impuissance, le fait d'avoir été salie, souillée, prise comme un objet et niée en tant que personne.

S'imaginer qu'elle l'a bien cherché parce qu'elle n'avait qu'à pas se balader habillée comme une « pute », c'est se ranger soi-même au rang d'animal, incapable de réprimer ses pulsions. Une fille peut simplement chercher à être à la mode, vouloir montrer sa féminité sans désirer pour autant des rapports sexuels.

S'imaginer qu'une fille violée ou tout simplement un peu forcée y a quand même pris du plaisir est un mensonge que l'on se fait à soi-même, destiné à minimiser sa faute.

S'imaginer qu'elle « en redemande » parce qu'elle reste allongée sur le lit sans rien faire ni rien dire, c'est aussi se leurrer lourdement. La victime est tétanisée de peur, de douleur, de dégoût, elle n'arrive plus à bouger ni à parler.

La plupart des ados impliqués ne réalisent pas la gravité de leur acte. Pour eux, « c'est pas grave, puisqu'ils ont mis un préservatif ».

Le viol est une situation plus fréquente qu'on ne l'imagine. Elle touche les filles, mais aussi les garçons.

À 16 ans, 9,4 % des filles et 1,9 % des garçons ont été victimes de violences sexuelles (tentatives de viol ou viol).

Ce dernier chiffre chez les filles est passé de 6,7 % en 1993 à 9,4 % en 2003, surtout à cause du mode de vie. Les jeunes sortent davantage la nuit et se retrouvent plus facilement grâce aux réseaux sociaux. Au cours des soirées, ils boivent, donc ils s'exposent davantage.

Source : Inserm, Marie Choquet.

Que dit la loi ?

La loi considère le viol comme un crime, jugé en assises : 15 ans de prison, voire plus, selon les circonstances. Les attouchements forcés, tentatives de viol (sans pénétration), masturbation, prise de photos ou visionnage pornographique sous la contrainte sont aussi des délits recensés dans le Nouveau Code pénal (article 222.22). Le harcèlement sexuel qui consiste à insister pour obtenir la soumission sexuelle de l'autre est également un délit.

Malheureusement, là encore, les auteurs, parfois âgés de 13 ou 14 ans à peine, ne mesurent pas la gravité de leur geste. Ils sont pourtant jugés en cour d'assises des mineurs à partir de 13 ans. Ainsi, ce témoignage d'un jeune qui a forcé une copine à lui faire une fellation : « C'est rien, monsieur, une pipe. Clinton ou DSK, eux, ils ont bien le droit ! » Sauf qu'une partenaire consentante c'est OK, alors qu'une fellation forcée, c'est un viol.

Parler ou se taire ?

Les victimes de viol ne doivent se sentir coupables d'aucune manière, ce sont elles les victimes et non l'inverse. Par peur des réactions de l'entourage, pour préserver l'honneur de la famille, on préfère parfois se taire. Il faut pourtant parler, ce qui est dehors n'est plus dedans, en tout cas ça fait moins mal, ça dégoupille la bombe à retardement que l'on porte en soi. Le silence peut entraîner des troubles psychologiques à court et à long terme plus ou moins sérieux (perte du sommeil, idées obsessionnelles, anorexie, difficultés à avoir des rapports amoureux stables, peur du sexe...). L'alcool, les tranquillisants et la drogue anesthésient sans gommer la douleur que l'on porte en soi.

Juste après un viol, on peut appeler le 17 (la police) et porter plainte. Une consultation chez le médecin est nécessaire pour constater les violences, il ne faut pas se laver pour conserver des preuves biologiques et médicales.

Mais parler à qui ?

On peut se confier à une personne de confiance. Ou bien à l'infirmière scolaire ou à un psychologue, eux sont tenus par le secret médical. Il existe aussi des associations ou des plateformes d'écoute comme Jeunes violences écoute : 0 800 20 22 23 – Allô enfance maltraitée : 119 – SOS femmes battues : 36 19.

L'association Ni putes ni soumises veut promouvoir l'égalité des droits entre les hommes et les femmes, construire une mixité fondée sur le respect mutuel, informer, accueillir et aider les femmes en difficulté, proposer des entretiens avec un psychologue et fournir des conseils juridiques en cas de violence : 70, rue des Rigoles, 75020 Paris – infos@niputesnisoumises.com – www.npns.fr.

Ni putes ni soumises a publié un *Guide du respect, Filles et garçons : mieux vivre ensemble*, Cherche-Midi éditions (1 €) qui contient des infos utiles sur toute la procédure en cas de viol, le mariage forcé ou arrangé, la polygamie, l'excision, l'homophobie...

Urgences médicales

SAMU : 15
Police : 17
Pompiers : 18
Urgences depuis un téléphone mobile : 112

Internet

On l'a dit, les blogs et forums sur Internet, cela peut être le meilleur moyen pour trouver des amis, échanger ou faire des rencontres. Cela peut aussi devenir source de problèmes et de difficultés inimaginables. En voici quelques-unes. Ceci non pour vous alarmer ou faire la morale (« Ce n'est pas bien mon petit »), mais, au contraire, pour vous alerter et vous permettre de mieux vous protéger. Certaines plateformes comme Fil santé jeunes ou Net écoute famille reçoivent tous les jours des appels d'ados ou de parents complètement désorientés.

Déshabillage en ligne

Le déshabillage en ligne (ou *sexting*) est une pratique en nette recrudescence ces temps-ci. Piège fréquent : le garçon demande à la fille de dévoiler ses seins. Elle le fait par défi peut-être, l'adolescence est la grande période du « t'es pas cap ». Le problème, c'est que le garçon peut alors menacer de diffuser les images sur Facebook si on ne se met pas totalement nue. Ces cas ont souvent été rapportés sur les différentes plateformes d'écoute. Dans ces situations-là, les plateformes conseillent aux parents de porter plainte à la gendarmerie, tandis que parallèlement le centre d'appel porte le problème devant l'Office central de cybercriminalité qui fait les recherches.

Parfois, le chantage au déshabillage peut aller encore plus loin, avec des demandes d'attouchements devant la webcam ou la caméra du portable.

Même si la fille et le garçon sont consentants tous les deux, même s'il n'y a pas eu viol, la diffusion ensuite via les portables d'images considérées comme « pédo-pornographiques » est interdite. Et il n'est pas rare que l'un ou l'autre des deux acteurs improvisés fasse circuler ces images, destinées au départ à rester très privées.

Autre grande arnaque récente, un étranger (qui se cache habituellement sous l'apparence d'une jolie fille) vous propose sur MSN ou Facebook de devenir votre ami. Vous l'acceptez et le laissez entrer dans votre ordinateur. Le « faux ami » pirate celui-ci, s'infiltre dans votre photothèque. Ensuite, il vous rackette et menace d'envoyer vos images ou films les plus confidentiels à tous vos contacts si vous n'envoyez pas de l'argent (en général en Afrique par la Western Union). Cette nouvelle forme de cybercriminalité fait de plus en plus de victimes. Si cela vous arrive, appelez Net écoute famille qui vous indiquera la marche à suivre, à savoir porter plainte. Ensuite, il faudra faire nettoyer l'ordinateur toujours pollué par le virus intrus (un cheval de Troie) à l'intérieur.

Que dit la loi sur la circulation des « pornos maison » ?

Mineurs comme majeurs ont le droit de filmer leurs ébats ou de prendre des photos sexuellement explicites, en revanche, ils n'ont pas le droit de les diffuser sur le réseau (Internet, téléphone). Les risques ? 3 ans d'emprisonnement et 75 000 € d'amende pour avoir fabriqué ou diffusé un message pornographique susceptible d'être vu par un autre mineur.

Nouvelles tendances

Le « dédipix » consiste à s'écrire des dédicaces sur le corps avec pour objectif d'obtenir le maximum de commentaires possibles sur son blog et devenir ainsi une « personnalité ». On comprend bien que suivant la partie du corps révélée, les filles ou les garçons qui s'adonnent à ce nouveau jeu auront plus ou moins de réactions. Le must étant l'exposition des seins, des fesses et des cuisses dans des positions suggestives.

La Toile et le portable sont donc devenus des outils de drague assez ambigus. Dans la vie en vrai, au collège ou au lycée, on reste très pudiques, mais sur le Net, sous le couvert de l'anonymat ou pas, en tout cas à distance de l'autre, et avec la protection supposée du monde virtuel, on expose son intimité sans avoir toujours conscience des risques encourus et de l'escalade vers le trash pour être vu. Le problème, c'est que les infos restent. On peut oser frimer pour impressionner ses copines, mais cinq ans après, au lycée, à la fac, pour un premier emploi, quelle sera l'influence de cette intimité exhibée ?

La technologie permet d'être le propre producteur de soi-même, à ses risques et périls !

♦ *Mes parents refusent que je mette des photos de moi en maillot de bain sur ma page Facebook. Ils voient le mal partout ?*

Il faut reconnaître que certaines photos suggestives retrouvées dans les blogs ou sur les pages FB sont dignes du catalogue de Marc Dorcel, un monsieur spécialisé dans les films X. Les parents n'ont pas tout à fait tort de mettre en garde leur ado : Internet, c'est la place de la Concorde à six heures du soir, une affluence pas possible et n'importe qui peut passer par là ! De l'autre côté de l'écran, un pervers peut se caresser devant les photos si craquantes où l'on a pris des poses de starlette.

Net écoute famille

Le gros des appels concerne les conseils aux parents et aux éducateurs avec notamment la consommation excessive de jeux vidéo, la divulgation de la vie privée, l'intimidation, l'influence destructive, la diffamation, le harcèlement sexuel, les contacts dangereux. Les images choquantes, la pédophilie et le viol sont aussi représentés.

Net écoute famille : 0 820 200 000 (0,12 € TTC par minute). Du lundi au vendredi de 9 h à 18 h, appel anonyme. Ligne en partie financée par la Commission européenne dans le cadre du programme européen « Internet sans crainte ».

L'amour (ou le sexe) à distance

À force de chatter tous les jours, certains finissent par tomber amoureux d'un ou d'une parfaite inconnue, jamais vu(e) en chair et en os, jamais touché(e), sentie ou caressé(e) pour de vrai. Cette personne renvoie en miroir les émotions que l'on ressent, on est sûr d'avoir enfin trouvé son double. Le sentiment s'avère parfois sincère, immense et réciproque.

Une telle histoire d'amour a-t-elle des chances de durer et de satisfaire totalement ? Sans doute pas si on ne peut jamais rencontrer l'autre dans la vraie vie. C'est seulement là que l'on sera confronté avec la réalité. Cette personne est-elle réellement celle dont on est tombé amoureux ? S'est-elle inventé une histoire à laquelle on a voulu croire ? Il est nécessaire de parler, d'échanger, de se frotter à l'autre pour de bon, il faut risquer de ne pas lui plaire, de le décevoir et d'être déçu soi-même. Comme dans la vie en somme.

La possibilité de dialoguer (voir de s'éprendre) à l'autre bout de la planète permet tout, y compris le sexe virtuel via les webcams. Cette situation est-elle nocive au début de sa vie amoureuse ? La vérité, c'est que tout cela est tellement récent dans l'histoire de l'humanité, qu'aucun sociologue, psychologue ou sexologue ne se risquerait à indiquer ce qu'il en est vraiment. Il faudra sans doute plusieurs générations pour comprendre ce qui se joue en réalité au niveau de l'intime. Nous sommes la première génération à tester les possibilités inouïes du numérique, y compris dans le domaine amoureux et sexuel. Il est possible qu'au début, la sexualité virtuelle paraisse moins agressive, qu'elle permette d'apprivoiser son corps et celui de l'autre, que même, elle démultiplie le désir. Encore faut-il s'y abandonner devant la caméra sans culpabilité. Une chose est sûre, à terme, il y aura nécessité de se confronter à un vrai corps, à la douceur d'une peau, à la tiédeur d'une haleine, irremplaçables et tellement humains.

Circuler sans danger sur la Toile

Utilisez un pseudo plutôt que votre nom.

Ne donnez jamais votre téléphone personnel.

Pas de photo de vous où l'on pourrait reconnaître votre domicile, votre établissement scolaire ou votre club de sport. N'oubliez pas que derrière le profil d'un inconnu qui prétend être une fille ou un garçon de votre âge peut se cacher en réalité un homme ou une femme plus âgés et pervers. Internet, ce n'est pas le pays des Bisounours.

L'amour très jeune

Des adolescents qui ont une sexualité bien avant 15 ans, ça existe et c'est parfois une prise de risques. On explique ici dans quelles conditions.

Mais d'abord les chiffres. En France, l'âge moyen des premiers rapports sexuels, proche pour les deux sexes, se maintient à 17 ans depuis 1985. Ce qui change, c'est la distribution autour de cette moyenne vers des âges plus jeunes au premier rapport : 21 % des garçons et 10 % des filles font l'amour à 15 ans ou moins. La banalisation du porno et les nouvelles technologies en réseau favorisent sans doute le passage à l'acte. « Les ados regardent souvent ces images en groupe, ce qui les expose tout naturellement à un emballement de l'excitation sexuelle », explique le Dr Patrick Blachère, psychiatre, sexologue et expert auprès des tribunaux. « L'effet groupe, exactement comme l'alcool, entraîne un passage à l'acte plus fréquent. »

Les nouveaux outils de communication modifient donc les rapports amoureux et sexuels. Le psychiatre conseille de ne pas voir de films X en groupe pour limiter les débordements éventuels et la possibilité de contraindre les filles.

Quelles sont les conséquences d'une sexualité précoce ?

Les filles – ce sont surtout elles qui sont concernées, en l'occurrence parce qu'elles sont plus mûres que les garçons au même âge – doivent savoir que leur « maturité physique » ne s'accompagne pas forcément d'une maturité psychologique, et les âges de ces différentes maturités sont très variables d'une fille à l'autre. On peut être une femme dans son corps et une petite fille dans sa tête. On peut aussi être « grande » un jour et plus petite le lendemain. L'adolescence est un mouvement hormonal et psychologique permanent, tout bouge tout le temps !

« J'ai eu mon premier rapport sexuel à 12 ans et demi, raconte Emma qui en a maintenant 28. Je me sentais libre, affranchie, j'avais quelque chose en plus des autres, avec la conviction d'avoir osé braver les interdits. Je souffrais seulement de devoir garder le secret pour moi toute seule jusqu'à un âge plus acceptable socialement. »

Pour psychologues et sexologues, la condition d'une sexualité précoce réussie est qu'il existe une cohérence entre sa maturité physique et sa maturité psychique, on est prête dans son corps et bien dans sa tête. Il est préférable aussi que l'on ait d'abord appris à connaître les réactions de son corps toute seule par son propre imaginaire sensuel, appris à se caresser et à découvrir la géographie de son plaisir. Si on ignore son fonctionnement intime, on ne pourra que calquer ses réactions sur celles de son partenaire et non sur ses propres sensations, non encore identifiées. Les filles qui se connaissent bien physiquement sont mieux armées pour partager une expérience sensuelle avec un garçon.

Le partenaire a aussi son importance. S'il est maladroit et que soi-même on est ignorante, on trouvera la relation frustrante, voire déplaisante, et cela aboutira peut-être à un manque de plaisir par la suite, des douleurs à la pénétration, une absence d'orgasme, qui pourront se poursuivre longtemps.

Enfin, à 14 ans comme à 20 ans, il est essentiel que le premier rapport ne survienne pas par surprise et dans l'urgence. À l'occasion d'une soirée trop arrosée avec des garçons trop insistants, on peut être amenée à vivre une aventure pour laquelle on n'était pas vraiment prête. Avant de se lancer, chacune devrait se demander si elle reste dans le respect d'elle-même, si elle ne cède pas à des pressions extérieures, si elle ne le fait pas parce qu'il faut le faire...

Vrai aussi pour les garçons.

♦ *Y a-t-il un âge légal pour les relations sexuelles avec un mineur sans risque de poursuites ?*

Oui, et cet âge c'est la majorité sexuelle. Depuis 1945, il est de **15 ans.** Dans les autres pays du monde, il varie de 11 ans à 21 ans et, dans certains États, les relations sexuelles sont interdites avant le mariage.

Le prix à payer

Une atteinte sexuelle sur un mineur de moins de 15 ans est punie d'un maximum de 5 ans d'emprisonnement et 75 000 € d'amende.

En cas de relations avec un ascendant, les peines sont aggravées, allant jusqu'à 10 ans de prison et 150 000 € d'amende.

Depuis le 8 février 2010 est apparue dans la loi la qualification d'inceste, punissable en cas de relation avec un mineur de moins de 15 ans.

À partir de 15 ans, le législateur français considère qu'un mineur peut consentir librement et de manière éclairée à des relations sexuelles de toute nature (quelle que soit l'orientation choisie – hétéro ou homo – depuis 1982), ou le comportement sexuel adopté (échangisme, etc.).

Pierre Filliard, vice-procureur à Chambéry, explique qu'il y a deux restrictions à cela : la majorité sexuelle passe à 18 ans lorsqu'une des deux personnes est un parent, un oncle, une tante... (la loi parle d'ascendant) ou alors lorsque c'est un enseignant, un médecin... (la loi parle de personne ayant autorité). Ce qui signifie que si on souhaite faire l'amour avec un « ascendant » ou une « personne ayant autorité », ce n'est légal qu'après l'âge de 18 ans.

Que dit la loi des relations sexuelles entre mineurs ?

Les relations sexuelles entre mineurs sont tout à fait légales si c'est de manière consentie, « sans violence, contrainte, menace, ni surprise ». Une fille de moins de 15 ans peut donc parfaitement avoir des relations avec un autre mineur de son âge, plus jeune encore ou un peu plus vieux. La loi n'intervient que si la relation a lieu avec un majeur de plus de 18 ans.

Un âge minimal pour se marier

Depuis avril 2006, l'âge légal du mariage en France pour les garçons comme pour les filles est passé de 15 ans à 18 ans. Pourquoi cette augmentation ? C'est une loi de protection des mineurs pour échapper à la multiplication des mariages forcés. Les dispenses peuvent être accordées par le procureur de la République pour des motifs sérieux comme la grossesse...

Qu'appelle-t-on au juste un détournement de mineur ?

Cette notion reste indépendante de la sexualité. Le détournement de mineur est reconnu lorsqu'on éloigne physiquement un mineur de son lieu d'habitation et qu'on le soustrait à l'autorité parentale. Pierre Filliard rappelle le cas d'une jeune fille (non majeure) ayant des relations sexuelles avec le médecin de famille au cabinet de celui-ci. « Les parents ont porté plainte pour détournement de mineur et ont été déboutés, il n'y avait pas détournement. L'adolescente rentrait tranquillement chez papa-maman après la "consultation". » Ce qui aurait été punissable, en revanche, était l'incitation à la débauche du mineur par l'adulte...

♦ *Un garçon de 16, 18 ou même 20 ans qui a une relation sexuelle avec une ado de 14 ans est-il pédophile ?*

Un garçon de 20 ans qui ferait l'amour avec une fille de 14 ans *consentante* ne serait pas considéré comme pédophile, au sens où la pédophilie désigne des comportements sexuels avec des enfants. Cela dit, il pourrait être accusé de détournement de mineure et la famille pourrait porter plainte contre lui. Car la pédophilie, en tant que telle, n'est pas une notion juridique, mais médicale (psychiatrique). Et si la relation n'est pas consentie, il y a viol (punissable par la loi) et déviation sexuelle.

♦ *Dans quel cas les parents peuvent-ils intervenir dans la vie sexuelle de leur enfant ?*

Ils peuvent déposer plainte uniquement si leur enfant de moins de 15 ans a des relations sexuelles avec un majeur. Quand les relations ont lieu exclusivement entre mineurs, les parents ne peuvent intervenir, même s'ils estiment que cette relation est néfaste pour leur enfant. La seule hypothèse où ils pourraient le faire serait en cas de problème qui cacherait une souffrance de l'ado, une fille qui multiplierait les aventures ou les conduites à risque sans se protéger. Là, seulement, le juge des enfants pourrait intervenir.

Bon plan

Une BD sur les conduites à risque à l'adolescence : *Le Passage,* par le professeur Marcel Rufo, éditions Narratives. Infos à l'adresse info@narratives.fr. Nassama, 17 ans, ne va pas fort, fait de mauvaises rencontres et multiplie les conduites à risque sans réaliser qu'elle chute de plus en plus. Avec l'aide d'un médecin et de Jules, elle reprend le dessus...

9.

Tous les moyens d'éviter une grossesse

La contraception, une affaire de filles et de garçons

L'amour se conçoit à deux, la contraception aussi… pour éviter d'être trois. Que l'on soit amoureux, ou qu'il s'agisse d'une simple aventure, montrer que l'on se préoccupe de contraception est une preuve de responsabilité partagée. La fille prend souvent l'initiative de consulter pour la pilule, mais le garçon ? Il doit aussi s'informer des précautions prises par sa partenaire et prendre de son côté l'initiative du préservatif. Sa petite amie ne peut que respecter cela, se sentir rassurée, voire en être épatée. Un partenaire complice et impliqué vaut mieux qu'un amoureux transi, indifférent aux conséquences de ses actes.

Pourquoi se protéger ? Et de quoi ?

Le but de la contraception est d'éviter une grossesse, celui du préservatif d'éviter une infection sexuellement transmissible (IST) et, éventuellement, de diminuer le risque de grossesse.

Même si l'avortement existe et qu'il est légal, la décision d'interrompre volontairement une grossesse n'est pas anodine. Elle crée parfois une grande souffrance ou culpabilité chez la jeune fille, c'est pourquoi chacun de son côté doit tout mettre en œuvre pour l'éviter.

Contraception + capote, c'est le top !

Une double protection est souhaitable dès la première fois, car les filles jeunes sont extrêmement fertiles, bien plus qu'on ne l'est à 30 ans ou davantage. De plus, lorsqu'on est jeune et pas encore stable dans sa vie amoureuse, les partenaires sont plus nombreux, ce qui augmente le nombre des relations sexuelles et les risques de grossesse.

La pilule et maintenant l'anneau vaginal, le patch à coller sur la peau ou l'implant hormonal dans le bras représentent les contraceptions les plus sûres et les mieux adaptées, avec moins de 0,5 % d'échecs. Mais comme la pilule (ou ses équivalents hormonaux) ne protège ni des IST ni du sida, un préservatif s'avère nécessaire dès le premier rapport si les deux partenaires ne sont pas vierges. C'est le cas une fois sur deux.

Le préservatif reste ensuite préférable tant que l'on n'est pas installé dans une relation sexuelle stable, avec quelqu'un de fidèle.

Il suffit d'une fois !

Un seul rapport suffit pour être enceinte. Même le tout premier. Un seul spermatozoïde suffit à féconder l'ovule. Or il en existe 100 à 600 millions émis dans le sperme. Une adolescente de 12 ans peut être enceinte. Même dès ses premières règles. Un garçon de 12 ans peut mettre enceinte une fille à partir du moment où il a ses premières émissions de sperme.

La contraception qui repose sur la fille

La pilule

C'est la méthode de contraception la plus utilisée par les adolescentes. Elle est sûre et peut se prendre quelques mois après les premières règles. Les gynécologues recommandent d'y avoir recours avant les premières relations sexuelles. Certaines adolescentes la prennent parfois très tôt, en dehors de toute contraception, pour raisons médicales (règles douloureuses, irrégulières, acné, etc.). Une fille peut donc prendre la pilule depuis des années et être parfaitement vierge.

La pilule classique contient deux types d'hormones, sosies des hormones féminines naturelles : les œstrogènes et la progestérone. On parle de pilule œstroprogestative. Son but est de bloquer l'ovulation. Elle doit être prise les trois premières semaines du cycle, avec sept jours d'arrêt ensuite. Si le taux d'œstrogènes est faible, on parlera de minipilule. D'autres pilules ne contiennent que des progestatifs à doses faibles ou très faibles, on les appelle micropilules. Leur mécanisme est différent, ce n'est pas l'ovulation qui est bloquée, mais une substance sécrétée au niveau de l'utérus, la glaire, qui est modifiée et épaissie, si bien que les spermatozoïdes ne peuvent plus circuler normalement ni s'implanter dans la paroi de l'utérus. Cette pilule-là doit être prise en continu, sept jours sur sept, cycle après cycle, habituellement à heure fixe sauf pour la pilule Cézarette® qui tolère des horaires plus variables. La pilule protège dès le premier jour à condition de la prendre tous les jours jusqu'au bout de sa plaquette.

Elle n'est pas en vente libre, quelle que soit sa marque (même si on peut l'obtenir gratuitement), et doit forcément être accompagnée d'un suivi médical. C'est un vrai médicament, il faut savoir l'utiliser, donc comprendre comment ça marche, être sûr qu'il n'y a pas de contre-indications (elles sont rares chez les adolescentes, mais possibles, notamment avec les pilules de la troisième génération). Et ne pas oublier qu'elle ne fait pas bon ménage avec le tabac.

Selon la marque, elle peut être remboursée ou pas par la Sécurité sociale. Mais il est possible de se la procurer au Planning familial, de manière anonyme et gratuite. On peut aussi bénéficier dans certaines régions du pass santé contraception, qui est gratuit (voir p. 225).

On dit que la pilule peut provoquer des accidents

Avant de prescrire la pilule pour la toute première fois, le médecin demandera un bilan sanguin afin de vérifier cholestérol et triglycérides (graisses retrouvées dans le sang), plus le sucre (glycémie). Si aucune anomalie n'est retrouvée ni aucun facteur de risque constaté, il prescrira de préférence une pilule de deuxième génération. Il en existe quelques-unes faiblement dosées en œstrogènes (20 µg), remboursées et parfois moins chères que les pilules de la troisième génération, plus récentes.

Dans quels cas le médecin ne peut-il pas prescrire la pilule ?

Lorsqu'on a trop de cholestérol, de triglycérides ou de sucre, qu'on est obèse ou diabétique ou que l'on a déjà eu une phlébite (caillot qui se forme au niveau des jambes et peut remonter jusqu'au poumon en bouchant une artère) : les médecins parlent de contre-indications formelles. Ce sont les œstrogènes contenus dans la pilule qui ont un effet « thrombogène » : ils favorisent la formation de caillots dans les vaisseaux. La pilule œstroprogestative classique est alors contre-indiquée même si on est jeune et en bonne santé.

Quels sont les risques encourus si on prend une pilule alors qu'on ne devrait pas ?

On peut souffrir de problèmes d'obstruction d'une veine ou d'une artère par un caillot, avec pour conséquences les plus graves un accident vasculaire cérébral, un infarctus ou une phlébite qui, elle-même, peut entraîner une embolie pulmonaire. Sur 6 millions d'utilisatrices, la pilule provoque 30 décès par an. Cet événement reste donc heureusement très exceptionnel. Il ne doit surtout pas empêcher de prendre une contraception. Il ne faut pas oublier que la pilule protège des grossesses non désirées, donc des IVG et des complications liées à ces événements ; elle protège aussi de certaines maladies graves comme le cancer de l'ovaire.

Que faire si on ne peut pas prendre la pilule classique ?

En cas de contre-indication formelle (hypertension artérielle, antécédent de phlébite...), le stérilet en cuivre, les micropilules et l'implant sont plus indiqués.

La pilule de troisième génération est-elle une solution ?

On pourrait penser que ces pilules plus récentes, souvent moins dosées en œstrogènes, et contenant des progestatifs différents (gestodène, desogestrel, drospirénone) sont plus sûres. En fait, elles provoqueraient davantage de phlébites et d'embolies que les pilules plus anciennes, contenant le vieux progestatif (levonorgestrel). Entre 1,5 et 2 fois plus d'accidents emboliques. Ces cas restent rarissimes eux aussi. Et comme l'explique le gynécologue Christian Jamin, spécialiste des hormones et de la contraception, « il y a moins de phlébites dans une population qui prend la pilule (y compris de troisième génération) que dans celle qui ne la prend pas, à cause des grossesses qui surviennent. Il faut le savoir : la grossesse, même au début, c'est trois fois plus de risques que la pilule en termes de phlébite. L'accouchement, c'est soixante fois plus de risques ».

Que disent les autorités de santé ?

Elles recommandent aux médecins de prescrire la pilule de troisième génération seulement lorsque la pilule de deuxième génération est mal tolérée (gonflement, prise de poids, boutons, inconfort...). Au moindre doute, si on prend une pilule de troisième génération, mieux vaut en parler à son médecin. Il proposera des alternatives. Celles qui prennent la pilule de troisième génération depuis un an peuvent continuer et dormir sur leurs deux oreilles : les risques éventuels surviennent principalement les premiers mois.

Pourquoi prescrit-on les pilules de troisième génération ?

Parce que certaines femmes tolèrent mieux ces pilules et rencontrent moins de problèmes d'acné, de pilosité, de gonflements, etc. Parce que les accidents demeurent exceptionnels, on le rappelle, même s'ils existent !

> **Que faire en cas d'oubli (avant un rapport) ?**
>
> • Si la pilule a été oubliée depuis moins de 12 heures, on doit immédiatement la prendre, puis continuer normalement sa plaquette (ce qui oblige à avaler deux fois sa pilule le jour de l'oubli). Si on a oublié sa micropilule qui doit être prise à heure fixe, il faut considérer qu'on n'est plus protégée, et donc utiliser un préservatif ou des spermicides.
>
> • Si le retard dépasse 12 heures, voire 24 heures, on devra prendre deux fois plus de précautions au cours des rapports à venir et utiliser pilule + préservatif (ou spermicide), jusqu'en fin de plaquette.
>
> • Si un rapport a eu lieu et que l'oubli survient après, lire plus bas « Que faire en cas d'accident ? ».

Les équivalents de la pilule

Les deux hormones œstroprogestatives peuvent aussi être délivrées sous forme de patch hebdomadaire ou d'anneau mensuel. Ces deux procédés devraient séduire celles qui n'ont pas envie d'avaler la pilule tous les jours et les têtes en l'air.

Le patch Evra® est simple à utiliser. Il suffit de se coller ce timbre sur la peau des fesses ou du bas-ventre et de le garder pendant sept jours, il diffuse alors les hormones régulièrement, même en cas de retard de changement n'excédant pas deux jours. L'opération est à renouveler trois semaines de suite ; après on fait une pause, comme pour la pilule classique. Cette méthode est aussi efficace avec moins d'oublis. Des petits effets gênants (mais rarement) : le patch peut irriter un peu la peau (2,5 % des cas), provoquer des douleurs des seins et des règles douloureuses. Seul problème : le patch n'est pas remboursé.

L'anneau vaginal Nuva Ring® mesure 5 cm de diamètre. Il se place directement dans le vagin. L'anneau libère pendant trois semaines des hormones, ensuite il faut le retirer, ce qui déclenche les règles. On attend une semaine et on en remet un nouveau. L'anneau est simple, pratique à poser et à retirer, largement aussi sûr que la pilule et beaucoup moins dosé. Le partenaire ne le sent pas pendant les rapports sexuels. Un inconvénient : des irritations ou des pertes vaginales dans 5 % des cas. L'anneau n'est pas remboursé non plus.

L'implant contraceptif Implanon® est une autre possibilité encore. Pas plus gros qu'une allumette, il est placé pour trois ans par son gynécologue dans le bras. Le geste se fait en un rien de temps si le médecin a l'habitude. Son efficacité est excellente d'emblée. Il diffuse son hormone en continu (un progestatif). On constate des règles moins longues et moins abondantes (voire absentes) chez une femme sur deux et des saignements plus fréquents chez 10 % des utilisatrices, pouvant nécessiter un retrait. On note aussi, chez un petit nombre, une prise de poids supérieure à 3 kg, de l'acné, des maux de tête et des seins douloureux. L'implant est remboursé à 65 %. Il peut être retiré en quelques minutes par une petite incision sous anesthésie locale.

Le stérilet

Son taux d'échec est estimé à environ 1,5 %, ce qui reste très satisfaisant.

Le médecin introduit à l'intérieur de l'utérus un petit dispositif en plastique. La tige est entourée d'un fil de cuivre, ce qui provoque une réaction permanente à sa surface et empêche l'implantation de l'œuf. L'intérêt de cette méthode est de se faire complètement oublier et de durer environ 5 ans. Il existe des modèles de petite taille pour les jeunes filles.

Les stérilets augmentent l'abondance des règles et provoquent un spotting (quelques gouttes de sang au fond de la culotte) les premiers mois qui suivent la pause. Après, tout rentre dans l'ordre en principe.

D'où vient la mauvaise réputation du stérilet utilisé chez les jeunes filles ? On l'accuse d'augmenter le risque d'infections à l'origine du bouchage des trompes et de stérilité. Ce n'est pas le stérilet qui est en cause, c'est le fait qu'on est jeune et qu'on multiplie plus facilement les aventures. Pour celles qui ont une sexualité sage, avec peu de partenaires, le stérilet est tout à fait adapté et sans risques. Et il est remboursé.

Abstinence le 14e jour

C'est une technique naturelle très tentante mais infiniment moins efficace que la pilule. On se dit qu'en évitant tout rapport le jour de l'ovulation (le 14e jour donc), on va éviter la fécondation. Eh bien non ! L'ovulation peut en réalité survenir n'importe quand. Les femmes ne sont pas forcément réglées comme du papier à musique. Celles qui ont un cycle de 28 jours ont habituellement leur ovulation le 14e jour avant les règles, soit à la moitié du cycle. Mais il suffit d'un stress important, d'une émotion intense, d'un voyage en avion, pour que le cycle s'embrouille et que l'ovulation ait lieu plus tôt ou plus tard. Il arrive même (heureusement, c'est rare) que l'orgasme provoque une émotion si forte qu'il entraîne une ovulation. On a vu aussi des fécondations survenant pendant les règles ou juste avant.

Par ailleurs, certaines filles ont des cycles plus courts ou plus longs que 28 jours. L'ovulation n'a donc pas lieu le 14e jour, mais 14 jours avant les règles, ce qui est très différent. Par exemple, si le cycle est de 35 jours, l'ovulation a lieu le 21e jour.

Pour brouiller totalement les pistes, certaines filles ont des cycles irréguliers, absents ou imprévisibles. Il est donc impossible de calculer la période prétendument la plus propice.

Enfin, la date présumée de l'ovulation n'est pas le seul paramètre à prendre en compte. Un fringant spermatozoïde peut vivre jusqu'à quatre jours dans les voies génitales féminines, alors que la moyenne est de deux ou trois jours. La période à risque se situe donc trois jours avant et trois jours après l'ovulation. Mais nous insistons, tous ces calculs d'apothicaire ne sont pas très fiables !

Les autres techniques naturelles comme la fameuse méthode Ogino sont toutes aussi cafouilleuses. Utilisée autrefois, cette « méthode » tente de repérer l'ovulation grâce à l'élévation de température qui a lieu le lendemain (au-dessus de 37 °C).

Et pour ceux qui croient au Père Noël...

À l'adolescence, en période de fertilité maximale, il est totalement irréaliste et même franchement risqué de se fier aux méthodes de contraception « naturelles », malgré la mode écolo.

La contraception qui repose sur le garçon

Le préservatif (ou capote)

C'est la seule vraie contraception masculine (à part la stérilisation). Le préservatif est un capuchon de latex qui se place sur le pénis en érection. Son but est de récupérer le sperme libéré par l'éjaculation. Il sera peut-être proposé par sa partenaire, mais c'est essentiellement au garçon qu'il revient de savoir s'en servir, le poser et le retirer. Ce moyen est fiable à 96 % lorsqu'il est bien utilisé (ce qui est loin d'être toujours le cas, surtout au début de sa vie sexuelle). Ce chiffre est donc à revoir à la baisse.

Pour tous les goûts et toutes les sensations

Les préservatifs font au minimum 16 cm de long. Ils sont de différentes largeurs (52 mm pour le standard, mais certains modèles vont jusqu'à 55 mm), de différentes couleurs, de goûts variés (vanille, chocolat, fraise, etc.). Ils sont de plus en plus fins (de 0,11 mm à 0,02 mm), de plus en plus doux, lubrifiés ou pas (pour la fellation), chauffants ou refroidissants, avec ou sans anneau vibrant, avec ou sans réservoir, à des prix très différents, mais gratuits dans les centres de planning familial.

Il existe des modèles pour les allergiques au latex ; toutefois, il faut savoir que les vraies allergies sont rares, il s'agit le plus souvent d'irritations ou d'inflammations dues à une mauvaise lubrification ou à une IST non soignée.

Le marquage CE ou EN600 (norme européenne) garantit que le produit a satisfait à l'ensemble des tests de qualité et de sécurité (porosité, éclatement, étirement, vieillissement...).

♦ *À quoi sont dus les accidents de préservatifs ?*

Les accidents sont dus aux conditions de stockage et d'utilisation. Les préservatifs n'aiment ni le soleil, ni la chaleur, ni la trop grande humidité. Ils détestent également être à l'étroit dans un portefeuille ou une poche trop serrée. Il vaut donc mieux les conserver dans leur boîte d'origine. Ils ont une date de péremption qui garantit leur efficacité (un préservatif trop vieux peut sécher). Les ruptures pendant les rapports sont souvent dues à l'utilisation de ciseaux, des ongles ou des dents pour extraire l'objet de sa pochette. L'usage de produits gras crée des pores (minuscules trous) dans le préservatif qui le rendent inefficace (plus du tout imperméable).

Enfin, l'excès de zèle n'est pas une garantie : deux capotes superposées augmentent dangereusement le risque de rupture par frottements. En revanche, il est bien recommandé d'utiliser deux préservatifs à la suite au cours d'un même rapport si on le fait par-derrière et par-devant, car la partenaire risque une infection. Ou si la relation se prolonge avec plusieurs orgasmes (changer de matériel après chaque éjaculation). On ne lave pas un préservatif pour le réutiliser une deuxième fois, c'est la meilleure façon de mettre sa partenaire enceinte.

♦ *Et la première fois, comment on fait pour le mettre ?*

L'idéal est de s'entraîner avant, au moins trois fois tout seul. Cela évite que le jour J, on s'abstienne de protection par peur de perdre l'érection. L'opération se déroule en quatre temps :

DÉCHIRER L'EMBALLAGE EN
ÉVITANT D'ENDOMMAGER LE PRÉSERVATIF.

RETIRER DÉLICATEMENT LE
PRÉSERVATIF DE SON ENVELOPPE.

PLACER LE PRÉSERVATIF À LA POINTE
DU PÉNIS EN ÉRECTION, EN PINÇANT
LE RÉSERVOIR.

DÉROULER LE PRÉSERVATIF
JUSQU'À LA BASE DU PÉNIS.
S'IL SE DÉROULE MAL, IL A ÉTÉ
PLACÉ À L'ENVERS. NE PAS FORCER.

SE RETIRER IMMÉDIATEMENT APRÈS
L'ÉJACULATION EN RETENANT LE PRÉSERVATIF À LA BASE DU PÉNIS.

1. Déchirer l'emballage délicatement à partir du point de découpe, sans ciseaux ni dents.

2. Placer le préservatif sur la pointe du pénis en érection (ou sur une banane pour s'entraîner). Attention au sens ! La partie renflée doit être à l'extérieur. Même les pros peuvent s'y tromper. Si le préservatif ne se déroule pas ou s'il faut forcer, c'est qu'il est à l'envers.

3. Dérouler le préservatif jusqu'au bout. Ceux qui sont à l'aise avec leur partenaire peuvent en faire un jeu sexuel à deux.

4. Une fois le préservatif installé, tirer délicatement la pointe du réservoir en la pinçant pour créer un espace supplémentaire d'un demi-centimètre ou d'un centimètre, meilleur moyen d'éviter les fuites ou les ruptures.

♦ *Quand le poser ?*

Avant même les premières caresses, ouvrir l'emballage et sortir le préservatif pour n'avoir plus qu'à le poser et à le dérouler le moment venu. L'enfiler avant la première pénétration et ne pas se dire qu'il sera bien temps de le faire après. Le contact peau à peau est sans doute plus doux et plus agréable, mais il faut savoir que, sans préservatif, on n'est absolument pas protégé des IST. De plus, au cours du jeu sexuel et des premières pénétrations, l'orgasme peut venir de manière brutale et rapide. Une goutte de liquide prééjaculatoire est émise quelques secondes avant l'éjaculation sans même que l'on s'en rende compte. Et dans cette goutte qui n'a l'air de rien, il peut y avoir des centaines de spermatozoïdes.

♦ *Quand le retirer ?*

Aussitôt après l'éjaculation, il faut se retirer et retirer le préservatif. Il est totalement déconseillé de rester sur place, bien au chaud. Car le pénis dégonfle, le préservatif ne l'enserre plus suffisamment et le sperme peut s'écouler à l'intérieur. Donc, s'extraire courageusement en maintenant fermement le préservatif au niveau de la base du pénis pour empêcher qu'il ne glisse ou ne déborde dans le vagin. Ensuite, faire un nœud et jeter le tout à la poubelle.

♦ *Peut-on rester en contact intime, collés l'un contre l'autre à l'extérieur, après l'éjaculation ?*

Si sa partenaire prend la pilule, c'est sans risque. Dans le cas contraire, il existe un risque minime de grossesse. Les plus inquiets peuvent s'essuyer ou se laver juste après le rapport.

Oups !

24 % des 15-24 ans déclarent ne pas utiliser de préservatifs de façon systématique lors d'une relation avec un nouveau partenaire.

La raison principale : la moitié d'entre eux invoquent une moindre sensation liée au préservatif. Il existe maintenant des capotes jusqu'à deux fois plus fines qu'un cheveu !

Source : enquête Ifop/Sidaction/MSN, novembre 2007.

Le retrait

C'est une technique naturelle de contraception vieille comme le monde, mais pas fiable, loin de là ! Même ceux qui ont une excellente maîtrise sexuelle et se retirent « comme ils veulent, quand ils veulent » ne peuvent pas toujours contrôler l'émission du liquide prééjaculatoire avant l'orgasme. D'où des échecs une fois sur trois. De plus, il est très frustrant, pour soi comme pour sa partenaire, de se retirer pour jouir à l'extérieur, juste au moment où l'on sent que cela vient. Cela pousse à une vigilance permanente et empêche de se laisser aller, alors que justement, ce qui caractérise le plaisir de l'orgasme, c'est la perte totale de contrôle.

La contraception qui repose sur le couple

Les spermicides – ovules, éponges, crèmes – sont des substances qui se placent au niveau du vagin et agissent localement. Comme leur nom l'indique, elles détruisent les spermatozoïdes. Leur taux d'échec est supérieur ou égal à 5 %, ce qui est moins efficace que la pilule ou le préservatif, mais toujours mieux que rien. L'avantage de ces produits est qu'on les obtient sans ordonnance en pharmacie et qu'ils permettent une relative spontanéité (pas besoin d'y penser tous les jours comme la pilule). Ils s'utilisent au minimum dix minutes avant (sauf l'éponge), mais demandent que la toilette de la fille reste très superficielle après le rapport (surtout pas de savon). Ils n'entraînent pas d'irritation, picotements ou sensation de brûlure. L'éponge peut être gardée 24 heures d'affilée tout en conservant son effet protecteur s'il y avait d'autres rapports. Les spermicides ne sont pas remboursés.

Que faire en cas d'accident ?

La pilule du lendemain ou du surlendemain s'utilise pour éviter une grossesse en cas de rapport non protégé (oubli de pilule ou absence de contraception), mais aussi en cas de doutes : pilule vomie, préservatif baladeur ou rompu, nuit d'ivresse sans souvenirs... La toilette intime n'est pas suffisante, même si chacun se lave frénétiquement à l'eau et au savon.

Si l'un des deux partenaires est séropositif ou qu'il y a de sérieux doutes là-dessus (il multiplie les relations sexuelles sans protection, il se drogue, le rapport qui vient d'avoir lieu est un viol...), il faut se rendre au plus vite (48 heures grand maximum) dans un service d'urgence à l'hôpital le plus proche. Appeler Sida info service au 0 800 840 800 pour connaître tous les lieux. Mieux vaut y aller avec son partenaire si c'est possible. Un médecin évaluera le risque encouru et proposera éventuellement un traitement de post-exposition (TPE), qui associe plusieurs produits contre le VIH et se prend pendant un mois. Le TPE réduit de manière importante le risque de contamination mais ne l'élimine pas complètement.

La contraception d'urgence

Trois solutions de rattrapage existent aujourd'hui : la pilule du lendemain, la pilule du surlendemain et le stérilet à poser dans les cinq jours si l'on souhaite conserver ensuite ce mode contraceptif.

La **pilule du lendemain** (Norlevo® ou ses génériques) est à utiliser dans les 12 à 24 heures qui suivent le rapport à risque pour une efficacité maximale. Le comprimé de progestérone s'avale en une seule fois. Cet afflux hormonal empêche l'implantation de l'ovule fécondé qui ne peut se développer.

On peut se procurer gratuitement cette contraception d'urgence à l'infirmerie de son collège ou de son lycée. Il n'y a pas à s'inquiéter de la confidentialité, l'infirmière est tenue par le secret médical : ni ses parents, ni le chef d'établissement, ni ses copines ne seront au courant. Cette pilule est également fournie gratuitement au Planning familial. Enfin, on peut se la procurer gratuitement et **sans ordonnance** dans une pharmacie. Le pharmacien est tenu par décret ministériel de la remettre aux mineures. Pour poser des questions sur la contraception d'urgence : www.norlevo.com.

La pilule du lendemain est une solution contraceptive de rattrapage et non un avortement. Elle évite environ trois grossesses sur quatre.

Elle n'est pas pour autant un moyen de contraception à utiliser après chaque rapport : elle serait trop forte, moins bien tolérée et surtout moins efficace que la pilule classique.

Après utilisation de la contraception d'urgence, les règles surviennent le plus souvent à la date normale, parfois un peu avant, parfois un peu après. Au-delà de cinq jours de retard, il faut absolument consulter un médecin, c'est peut-être le signe d'une grossesse, malgré le traitement !

La **pilule du surlendemain** (EllaOne®) se présente sous la forme d'un comprimé à avaler. Son efficacité avoisine les 95 %, elle est constante pendant cinq jours (soit la durée de vie maximale des spermatozoïdes). Cette pilule allonge donc le délai d'action après un accident. Ses effets secondaires se limitent essentiellement à des maux de tête ou des nausées. Contrairement à une idée reçue, cette pilule ne rend pas stérile et elle peut être utilisée par des fumeuses. Elle est remboursée à 65 % à condition d'être prescrite par un médecin. La plupart des mutuelles prennent en charge le complément.

À savoir : on peut demander à son médecin d'en prescrire une en dehors de toute urgence, de manière à l'avoir sous la main en cas de problème.

Le **stérilet** en cuivre est efficace quasiment à 100 % lorsqu'il est posé dans les cinq jours qui suivent le rapport non protégé. C'est une solution quand on a trop attendu pour la pilule du lendemain et qu'on souhaite ensuite garder ce mode de contraception.

L'interruption volontaire de grossesse

Si la contraception d'urgence n'a pu être mise en œuvre à temps, et s'il y a effectivement grossesse, il reste une seule alternative : garder le bébé ou demander une interruption volontaire de grossesse (ou avortement). L'IVG est autorisée en France jusqu'à la fin de la 12e semaine de grossesse (soit 14 semaines après le début des dernières règles).

En France, le nombre d'IVG est stable depuis 2000, avec environ 220 000 IVG par an, soit l'équivalent d'un avortement pour 3 naissances. Ce chiffre, globalement stable, augmente pourtant de manière inquiétante chez les plus jeunes. Chez les moins de 18 ans, on compte 13 000 IVG chaque année. Les 20 à 24 ans sont celles qui ont le plus recours à l'avortement (elles totalisent à elles seules 25 % de toutes les IVG, suivies des 25-29 ans : 22 % des IVG).

IVG, les dates clés

L'IVG a une histoire et est un droit à protéger.

1810. Le Code pénal créé par Napoléon prévoit l'emprisonnement pour les femmes qui avortent ou pratiquent l'avortement.

1920. Une loi est votée qui interdit la contraception et l'avortement (punis par une amende, voire une peine de prison allant jusqu'à 10 ans).

1939. Les médecins ont le droit de violer le secret médical et de dénoncer les avortements. Le gouvernement créé des brigades policières qui traquent les « faiseuses d'anges » (avorteuses).

1942. Sous le maréchal Pétain, l'avortement est passible de peine de mort.

1955. L'avortement thérapeutique est autorisé.

1956. Des militantes du mouvement La Maternité heureuse (qui deviendra le Mouvement français pour le planning familial en 1960) se battent pour que les couples puissent choisir le moment de la naissance de leur enfant grâce à la contraception.

Années 1960-1970. Les femmes militent et défilent pour obtenir le droit à l'IVG.

1971. « 343 salopes » publient un manifeste dans *Le Nouvel Observateur* où elles reconnaissent avoir avorté illégalement.

1975. Simone Veil, ministre de la Santé, défend et obtient la légalisation de l'IVG à l'Assemblée nationale.

1982. La Sécurité sociale rembourse les IVG.

1988. Apparition du RU 486 qui permet les premiers avortements médicamenteux.

2001. La loi Aubry facilite les conditions d'accès à l'IVG pour les mineures, supprime l'autorisation parentale, porte de 12 à 14 semaines le délai d'intervention, autorise la pratique de l'IVG médicamenteuse par les médecins de ville.

2004. On peut prendre le RU 486 chez son gynécologue ou son médecin généraliste en cas de grossesse inférieure à 5 semaines.

2009. Le Planning familial est autorisé à pratiquer lui aussi des IVG médicamenteuses.

> 2010. Le Planning familial et les associations réclament l'application de la loi de 2001 sur l'éducation sexuelle et l'IVG (de moins en moins de centres la pratiquent).
>
> Le combat continue...
>
> Source : Forum IVG 2011-« Sujet privé/débat public, Comment protéger le droit à l'IVG en 2011 ».

Plus la grossesse survient tôt chez une adolescente, plus le recours à l'IVG est important.

Deux techniques existent : **l'aspiration utérine** (l'œuf est aspiré) et **le traitement médicamenteux.**

L'aspiration est facilitée par l'ouverture du col grâce à l'action d'un médicament. L'intervention peut être réalisée sous anesthésie locale ou générale. Une hospitalisation de quelques heures est généralement suffisante. L'intervention est réalisée au bloc opératoire et dure une dizaine de minutes.

Quant au traitement, il consiste à prendre deux médicaments différents, après un entretien avec le médecin, avec maximum 48 heures d'écart entre les deux prises. Le premier produit (la mifépristone) interrompt la grossesse et favorise les contractions de l'utérus ainsi que l'ouverture du col de l'utérus. Le second produit provoque l'expulsion de l'œuf, un peu comme une fausse couche.

La moitié des IVG se déroulent aujourd'hui par voie médicamenteuse, chez le médecin généraliste, le gynécologue et dans les centres de santé et de PMI (protection maternelle et infantile).

La demande d'IVG comporte des démarches obligatoires à accomplir. À ces moments-là, la jeune fille a besoin du soutien de son partenaire. Il doit la rassurer, l'accompagner dans ses démarches, bref, prendre sa part de responsabilité.

Faut-il une autorisation parentale ?

Le consentement des parents n'est plus obligatoire pour les mineures, elles doivent toutefois se faire accompagner par un adulte de leur choix. L'idéal reste bien sûr de parler à sa famille et de tenter, à cette occasion, de nouer un vrai dialogue. Des parents très sévères ou peu communicatifs savent parfois se montrer, en cette occasion, bien plus compréhensifs qu'on ne l'imagine.

Le dispositif légal comprend deux visites médicales, éventuellement un entretien social.

La première visite médicale se fait auprès du médecin de son choix qui rédige un certificat indiquant que la jeune fille souhaite une IVG. Il lui remet un petit livret d'information. Très vite peut avoir lieu l'entretien social avec une conseillère conjugale. Il n'est plus obligatoire depuis 2001 mais permet de réfléchir à la situation, sans jugement moral et sans chercher à influencer la décision définitive (en principe).

La seconde visite médicale a lieu huit jours plus tard, chez le médecin ou à l'hôpital public ou privé, pour confirmer la décision d'IVG par écrit. Ensuite, la jeune fille est orientée vers un centre hospitalier agréé où sera pratiquée l'intervention. Toutes ces démarches peuvent être faites directement dans un même centre à condition qu'il soit agréé.

Astuces, bons plans et bonnes adresses

Pour le pass santé contraception, anonyme et gratuit, il faut s'adresser à l'infirmière scolaire de son établissement. Ce pass, initié par Ségolène Royal dans sa région en Poitou-Charentes puis en Île-de-France en juin 2010, devrait s'implanter dans plusieurs nouvelles régions rapidement. Son but est de réduire le nombre des IVG. Il est destiné aux élèves de seconde et aux apprentis. Les jeunes garçons peuvent aussi se le procurer. Le pass permet d'accéder à un suivi médical et à la contraception. Il s'agit d'un carnet comprenant cinq coupons : consultations médicales, examens biologiques, délivrance d'un contraceptif avec ordonnance, suivi médical et renouvellement du contraceptif avec l'accord du médecin. Il faut se renseigner, ce pass n'existe pas encore partout.

Pour la pilule, la contraception d'urgence ou une IVG, Mouvement français pour le planning familial : 4, square Saint-Irénée, 75011 Paris – 01 48 07 29 10.
Les centres de planning familial permettent de discuter de sexualité et de contraception avec un gynécologue, une sage-femme, une conseillère conjugale. Les mineurs, filles ou garçons, peuvent y consulter dans le respect de l'anonymat et gratuitement. Tous les moyens de contraception y sont délivrés, y compris la pilule du lendemain et les préservatifs. Il existe au moins un centre par département. Pour obtenir l'adresse du centre le plus proche de chez soi : www.planning-familial.org.
Fil santé jeunes : 32 24, numéro gratuit depuis un poste fixe. Si vous appelez depuis un portable, composez le 01 44 93 30 74 pour que l'appel ne soit pas surtaxé et soit au prix d'une communication ordinaire. Fonctionne 7 jours sur 7 de 8 h à minuit. Propose écoute, soutien, information et orientation pour toutes les petites inquiétudes de la vie quotidienne et les problèmes liés à la santé et la sexualité (www.filsante.jeunes.com.)

Numéro vert de la ville de Paris : Écoute, sexualité, contraception : 0800 803 803. Ce service est géré par l'Association française pour la contraception.

À télécharger, le *Guide d'information sur l'IVG pour les femmes* du ministère de la Santé, sur le site www.sante.gouv.fr.

Pour ne pas oublier sa pilule au début, faire sonner tous les jours à la même heure pendant trois mois son téléphone portable. L'application pour iPhone « Pil' à l'heure » lance une alerte tous les jours. Il suffit de scanner le code-barres de la pilule et l'appli se paramètre seule. En cas d'oubli, elle diffuse des recommandations spécifiques à la pilule scannée.

Un site Internet permet d'éclaircir ses notions sur le cycle menstruel, la contraception, mais aussi connaître l'actualité dans ce domaine et poser des questions : www.pilado.com.

Une BD en ligne gratuite sur la contraception et la sexualité : *Manon*, éditions Narratives, à demander à info@narratives.fr. Manon est lycéenne. Avec Alex, son petit ami depuis six mois, les choses deviennent suffisamment sérieuses pour aborder ensemble la sexualité et la contraception. À l'occasion d'un voyage scolaire au Canada, les deux amoureux vont prendre le temps de se découvrir.
Questions d'ados : un livret gratuit pour les 15-18 ans édité par l'Institut national de prévention et d'éducation (actualisation décembre 2008). Voir www.inpes.sante.fr.
Des infos percutantes en images sur le site www.choisirsacontraception.fr.

10.

Tous les moyens d'éviter les IST et le sida

Une IST, ou infection sexuellement transmissible, est une infection qui peut se transmettre par contact sexuel avec une personne contaminée, ce qui, heureusement, n'est pas le cas à chaque rapport sexuel. Autrefois, les IST portaient le nom de MST, maladies sexuellement transmissibles, terme qu'on a préféré abandonner car on peut être infecté sans paraître forcément malade. On parlait aussi des maladies vénériennes, du nom de Vénus, déesse de l'amour. Ces infections sont contagieuses et se transmettent entre garçons et filles ou personnes de même sexe.

Toutes les IST ne sont pas aussi dangereuses que le sida. Certaines sont banales. D'autres, au contraire, doivent absolument être traitées rapidement car elles peuvent avoir des conséquences sérieuses comme la stérilité. Comme on ne sait jamais à l'avance à quel microbe on va se frotter, mieux vaut systématiquement utiliser au cours de la relation sexuelle un préservatif. C'est aujourd'hui le meilleur rempart contre les IST, sida y compris.

Les ados plus vulnérables

Les adolescents sont particulièrement exposés à ces maladies, davantage encore que les adultes. Pourquoi cela ? Pour au moins trois raisons, l'une statistique, l'autre psychologique, la troisième biologique.

1. Plus on est jeune, plus on multiplie les partenaires sexuels (théoriquement du moins), donc on multiplie les risques de contamination. Même si l'on est fidèle, on renouvelle plus régulièrement ses partenaires. Et qui dit plus de partenaires dit plus de risques.

2. Les ados vivent au jour le jour, dans l'instant, sans toujours avoir envie de programmer un rapport, ni d'acheter à l'avance des préservatifs. Ils se sentent invulnérables, alors la maladie...

3. Chez les ados, les conséquences d'une IST sont plus sérieuses, tout simplement parce qu'elles peuvent menacer la fertilité. Perdre sa fertilité à 35 ans lorsqu'on a déjà eu des enfants est moins grave que la perdre à 18 ou 20 ans, alors qu'on n'en a pas encore eu.

Les filles devraient consulter leur gynécologue une fois par an à partir du moment où elles ont une vie sexuelle. Cette consultation qui assure à la fois la contraception et le suivi gynécologique permettra aussi de dépister une éventuelle IST passée inaperçue (parce que indolore) et d'en éviter les éventuelles conséquences. Les garçons, eux, doivent consulter lorsqu'ils ont un doute sur leurs parties génitales.

Les IST repérables

Certaines IST sont faciles à repérer. Si elles vous tombent dessus, vous ne vous y tromperez pas !

La blennorragie

C'est la terreur des garçons et la plus connue de toutes ces IST, puisque c'est la fameuse « chaude-pisse ». Elle se repère par une envie fréquente d'aller aux toilettes, des douleurs et brûlures en urinant, du pus qui sort du gland de couleur blanche ou jaune. Le gonocoque est le germe responsable. Trois ou quatre jours après le rapport non protégé, dix au plus tard, les brûlures apparaissent. Dès les premiers signes, il faut voir un médecin. La « blenno » se traite vite et bien grâce aux antibiotiques. Si l'on néglige de se soigner rapidement, on risque à terme la stérilité. Il est indispensable de mettre au courant sa (ou ses) partenaire(s) afin qu'elle(s) se traite(nt) aussi.

Une femme met plus de temps à ressentir les premiers symptômes (quelques jours à quelques semaines), car tout se passe à l'intérieur et non en surface. Elle peut aussi avoir des brûlures, du pus et devenir par la suite stérile si elle n'est pas traitée à temps. Une partenaire contaminée peut, à son tour, transmettre la maladie au cours de rapports sexuels non protégés et réinfecter un garçon qui s'était débarrassé de ses gonocoques. On ne s'immunise pas une fois pour toutes ; chaque fois qu'on croise ce germe, on risque une nouvelle infection !

Heureusement, il existe un « traitement minute » simple, rapide et efficace : plusieurs comprimés à prendre en une seule fois. Les rapports peuvent reprendre une fois que l'écoulement de pus a disparu, ce qui est le cas la semaine suivante en général. Le préservatif est ensuite fortement recommandé pendant une quinzaine de jours.

Les mycoses

Ce ne sont pas des IST bien qu'on les classe souvent dans cette catégorie. Les mycoses sont dues à de minuscules champignons, souvent les *Candida albicans*. Elles se repèrent assez bien, puisqu'elles se manifestent par des rougeurs, des points blancs et des irritations au niveau de la vulve ou du gland décalotté (sous le prépuce). Ça démange, ça picote et ça brûle au moindre contact, bref, c'est très désagréable. À la différence de la blennorragie, la brûlure ne vient pas de l'intérieur en urinant, elle est due au contact externe de l'urine avec la peau. Pour le garçon, cette maladie reste peu fréquente et facile à traiter. Il suffit de mettre une crème antimycosique pendant quelques jours. Les filles doivent consulter leur gynécologue et prendre en plus un ovule antimycosique longue durée ou trois ovules de suite. Là encore, rapports protégés les 15 jours qui suivent.

Les condylomes

Les condylomes sont dus à des virus appelés papillomavirus. Ils se manifestent par des petites verrues sur les lèvres et les muqueuses génitales de la fille, le gland du garçon, le pubis ou la zone anale. Ces verrues ne sont pas du tout douloureuses, mais très contagieuses, au point que l'on peut s'autocontaminer. Il suffit de se toucher la muqueuse ou le gland infesté, puis de s'essuyer ensuite aux toilettes, pour que le virus s'installe derrière comme devant. Il va sans dire que le partenaire est lui aussi menacé. Mieux vaut donc traiter le plus vite possible, au stade d'une ou de quelques verrues seulement. Le traitement est alors de l'acide trichloracétique, un produit appliqué localement qui brûle la verrue. Lorsque les lésions sont plus nombreuses, le médecin peut anesthésier la zone infectée et pratiquer une électrocoagulation ou du laser. Habituellement, cela est pratiqué sous anesthésie locale (ou générale s'il y a beaucoup de condylomes).

Les adolescentes doivent absolument être traitées : chez elles, les virus peuvent être responsables, des années plus tard, d'un cancer du col de l'utérus.

♦ *Faut-il se faire vacciner contre le papillomavirus ?*

Deux vaccins préventifs antipapillomavirus existent depuis quelques années. Les autorités sanitaires recommandent la vaccination à 14 ans, ou chez les jeunes femmes de 15 à 23 ans qui n'auraient pas eu de rapports sexuels ou au plus tard un an après les premières relations sexuelles. On sait en effet que le pic de contamination survient entre 15 et 25 ans, période où le col est encore immature pour se défendre efficacement et où l'état hormonal favorise la pénétration du virus. Le premier vaccin, Gardasil® (Sanofi Pasteur MSD) est sorti en fin 2006. Lors des essais cliniques qui ont porté sur plus de 20 000 femmes, celui-ci a permis de prévenir jusqu'à 100 % des lésions précancéreuses du col de l'utérus, des anomalies sérieuses de la vulve et des condylomes avec une protection contre 4 virus (le 16, le 18, plus le 6 et le 11). Ce vaccin se pratique en trois injections, l'une au temps zéro avec deux nouvelles injections, deux mois plus tard et six mois plus tard. Le second vaccin Cervarix® (chez GSK), en trois injections lui aussi, se positionne comme un vaccin de la jeune fille et de la femme adulte jeune. Il protège contre les deux virus les plus dangereux (16 et 18). À l'heure actuelle, on estime un rappel plusieurs années après inutile. Ces produits sont chers mais remboursés par la Sécurité sociale. Ils ne sont pleinement efficaces contre les papillomavirus visés que lorsque toutes les injections ont bien été réalisées.

♦ *On dit que ces vaccins pourraient entraîner de graves effets indésirables ?*

Les vaccins en France suscitent en général des doutes et des inquiétudes. On les accuse régulièrement de tous les maux. C'était vrai aussi pour le vaccin contre l'hépatite B. À ce jour, aucune preuve n'a été apportée sur le lien de cause à effet entre le vaccin antipapillomavirus et les effets dangereux constatés sur les utilisatrices qui ont porté plainte. Ces effets peuvent coïncider avec le moment de l'injection et être dus à de tout autres raisons.

♦ *Quels sont les effets indésirables possibles ?*

Quand on injecte un produit actif, celui-ci peut provoquer une réaction, heureusement bénigne le plus souvent. Le problème redoutable des vaccins, c'est qu'il s'agit bien de se prémunir d'une maladie qu'on n'a pas encore, il est donc plus difficile d'accepter le moindre effet indésirable. À ce jour, plus de 5 millions de jeunes filles ont été vaccinées dans le monde. En France, ainsi qu'en Europe, des experts ont été chargés d'étudier l'ensemble des effets indésirables survenus aussitôt après la sortie du Gardasil® en 2006.

L'Association française de sécurité sanitaire des produits de santé a publié en juillet 2011 son nouveau bilan : « Le rapport bénéfice/risques du vaccin Gardasil® reste favorable et proche du profil de sécurité d'emploi tel qu'il a été défini au moment de son autorisation de mise sur le marché. » Sur 1 700 observations rapportées, 82 % d'entre elles concernaient des effets indésirables connus bénins (douleurs au site d'injection, fièvres, éruption de type urticaire et petites syncopes). Les effets secondaires graves rapportés (maladies immunitaires) restaient faibles et inférieurs à ceux attendus dans la population générale. Rien à ce jour ne permet d'établir « un lien de causalité entre la vaccination et les complications observées », conclut l'Afssaps.

♦ *On dit que l'infection due aux papillomavirus est éliminée spontanément dans la majorité des cas. Alors pourquoi se vacciner ?*

C'est effectivement confirmé par les spécialistes. Cette infection souvent inapparente est transitoire pour 80 % des jeunes femmes, le virus s'élimine spontanément grâce aux défenses immunitaires en moins d'un an généralement. Mais la persistance d'une infection se retrouve chez 20 % des jeunes femmes ; elle peut alors évoluer vers des lésions précancéreuses, et, éventuellement un vrai cancer au bout de dix à quinze ans. On compte 1 000 décès par an pour ce type de cancer.

♦ *Les vaccins sur le marché sont-ils efficaces ?*

Oui. En Australie où 75 % des adolescentes sont vaccinées, une étude récente sur la population réelle montre 90 % de diminution des consultations pour condylomes et des lésions précancéreuses chez les filles de moins de 18 ans (et 85 % chez les garçons !)[1]. Les sociétés savantes (Collège national des gynécologues obstétriciens et médicaux, Ligue contre le cancer, etc.) estiment que sur le plan de l'efficacité et de la tolérance ce vaccin est utile.

Pourtant, la vaccination n'offre pas une garantie à 100 %. En France, 80 % des cancers sont dus aux HPV 16 et 18, ce qui signifie que 20 % des cancers sont provoqués par

1. Brotherton, *The Lancet*, juin 2011.

d'autres HPV, donc les 20 % des jeunes femmes vaccinées contre ces deux seuls virus pourront quand même développer des lésions dues aux autres virus HPV. D'où l'intérêt du frottis pratiqué habituellement à partir de 25 ans. Il permet de se faire dépister bien avant de développer un cancer.

♦ *Si on a déjà eu des rapports sexuels, le vaccin est-il quand même un peu utile ?*

Oui. Si on a déjà eu des rapports et que l'on n'est pas infectée, le vaccin aura encore une efficacité puisqu'il est préventif. On peut savoir si on est infectée à l'occasion du frottis, le médecin demandera des analyses précises.

Le b.a.-ba du vaccin

La vaccination consiste à inoculer un germe rendu inoffensif dans l'organisme. Le microbe va alors stimuler les défenses immunitaires et inciter l'organisme à fabriquer des anticorps pour éliminer l'intrus. Le corps va mémoriser la réaction à développer pour se défendre et il protégera de la maladie si le microbe se présente à nouveau.

♦ *Le vaccin qui protège contre quatre virus est-il plus efficace que celui qui protège contre seulement deux virus ?*

Le vaccin Cervarix® protège contre deux types de virus HPV : le 16 et le 18, les plus dangereux et responsables de 80 % des lésions cancéreuses au niveau du col de l'utérus. Le Gardasil®, lui, protège contre quatre types de virus HPV : le 16 et le 18, mais aussi contre les virus 6 et 11. On pourrait donc croire qu'il repêche les 20 % de virus contre lesquels on ne peut rien. Malheureusement ce n'est pas le cas, le Gardasil protège des virus responsables à 90 % des... condylomes, ce qui est déjà très bien, car il peut être très déprimant d'être couvert de verrues sur toute sa zone intime.

Les deux produits ne sont pas interchangeables : quand on commence avec une vaccination, on doit aller jusqu'au bout avec le même vaccin.

L'herpès génital

C'est un bouton qui ressemble un peu au « bouton de fièvre », celui que l'on trouve à proximité de la bouche. Au stade le plus précoce, la zone touchée (sexe, pubis, bas du dos, fesse, etc.) chatouille et brûle, puis de nombreuses petites vésicules translucides bourrées de virus apparaissent et s'agglutinent les unes contre les autres. Elles sont très contagieuses. Au stade suivant, les vésicules sèchent après avoir laissé échapper leur liquide. Au total, la première crise (primo-infection) peut durer cinq semaines. Le traitement à base d'antiviraux est à prendre localement dès les premiers signes (pommade apaisante), complété par des comprimés. Les rapports doivent être évités ou, au minimum, protégés pendant la phase contagieuse (jusqu'à ce que le bouton sèche) ; ce dernier doit être recouvert d'un préservatif s'il est sur le pénis ou d'un sparadrap sur les muqueuses, lorsque c'est possible, pour éviter tout contact. Malheureusement, il existe de fréquentes récidives. C'est là qu'il faut être particulièrement attentif : le retour de l'herpès génital se manifeste d'abord par des brûlures ou picotements à l'endroit du précédent bouton. Dès ce moment, il est indispensable de se traiter, avant l'éruption et à titre préventif. C'est aussi dès ce moment qu'il faut éviter les rapports sexuels ou du moins les protéger. Même à cause d'un simple picotement.

Le trichomonas

Le trichomonas est une vieille connaissance. Ce minuscule parasite s'attrape par contact sexuel mais aussi sur la cuvette des WC, au contact d'une serviette humide et souillée. L'infection provoque parfois des brûlures en urinant, des démangeaisons et, quelques jours encore après, un écoulement de pus, un peu comme la blennorragie. Chez la fille, la maladie se signale par des pertes vaginales inhabituelles et malodorantes, des brûlures et démangeaisons, une vulve rouge et irritée.

Le traitement, pour les filles comme les garçons, consiste à prendre des médicaments antiparasitaires (quatre comprimés en une seule prise dès les premiers symptômes pour les deux partenaires). Pas d'alcool ni de bière dans les deux jours qui suivent la prise de ces médicaments. Si le trichomonas est détecté tardivement au bout d'une ou deux semaines, le traitement sera plus long.

La syphilis

La syphilis, qu'on imaginait d'un autre âge, sévit toujours (surtout chez les toxicomanes et les prostituées). Au début, elle se manifeste par un bouton sur le sexe ou une petite plaie (dure, pas forcément douloureuse, formant une sorte de cratère, dont les bords sont plus ou moins blanc et rouge). Le microbe responsable, le tréponème pâle, terrassait à tour de bras au XIXe siècle, il entraînait des troubles neurologiques, puis la mort. Heureusement, de nos jours, c'est lui qui trépasse grâce aux antibiotiques très efficaces. Il va de soi que, quand un homme a cette infection, sa partenaire doit être prévenue pour se traiter et inversement.

Les IST cachées

D'autres IST passent totalement inaperçues. Difficiles à détecter, elles sont les plus ennuyeuses, car souvent traitées plus tard.

Les infections à mycoplasmes et à *Chlamydiae*

Elles ne se manifestent par aucun signe au départ. Mais, au bout de quelques jours à quelques semaines après le rapport non protégé, des signes d'infection peuvent apparaître : brûlures en urinant, douleurs au niveau du bas-ventre ou des testicules, avec fièvre, démangeaisons et écoulement de pus par le pénis ou le vagin. Un prélèvement permet le diagnostic. En cas d'infection avérée, le traitement devient nécessaire car il peut y avoir un risque de stérilité : les trompes bouchées chez la fille ou le canal déférent obstrué chez le garçon. L'infection à *Chlamydiae* se traite à l'aide d'un antibiotique minute à prendre en une seule fois. Le mycoplasme se traite également aux antibiotiques, lorsqu'on en décèle suffisamment (100 000 germes par ml ou plus). Sous ce seuil, pas d'inquiétude à avoir, il est normal d'avoir une certaine quantité de mycoplasme au niveau des muqueuses génitales.

À retenir

Si l'on sent la moindre irritation ou brûlure dans la zone génitale, il vaut mieux consulter pour rien, plutôt que de se dire que cela va passer. Et même si cela passe, comme c'est le cas pour certaines infections à *Chlamydiae*, les symptômes gênants disparaissent, mais les germes restent et la contagion aussi, alors qu'on se croit guéri.

L'hépatite B

Elle est due à un virus qui attaque le foie et peut le détruire. Cette maladie se transmet par le sang, le sperme, les sécrétions vaginales, peut-être la salive, mais pas par la sueur. On peut avoir une hépatite sans signe visible, il n'y a en ce cas que les examens de sang qui révèlent la présence du virus. D'autres fois, l'hépatite provoque une jaunisse. Les yeux sont jaunes, on se sent très fatigué, avec de la fièvre. Dans 80 % des cas, l'hépatite B guérit toute seule, sans séquelles. Mais dans 20 % des cas, le virus peut continuer à attaquer le foie. Il existe un vaccin contre l'hépatite B (remboursé par la Sécurité sociale). Nous le recommandons chez l'adolescent, puisqu'il évite, à terme, d'avoir des maladies graves (cirrhose, cancer du foie, etc.). La vaccination consiste en trois injections : la première au temps zéro, la suivante un mois après, et la troisième six à douze mois après la première injection. Les rappels ne sont pas nécessaires par la suite.

♦ *Faut-il se faire vacciner contre l'hépatite B ?*

En Allemagne, 95 % de la population est vaccinée contre l'hépatite B. Le nombre de scléroses en plaques est resté stable, or on reproche justement au vaccin d'augmenter la survenue de cette maladie grave. En France, à la suite de la dénonciation médiatique des effets potentiels de ce vaccin, 30 % seulement de la population a continué de se vacciner, or il n'y a pas eu d'effondrement du nombre de cas observés de scléroses en plaques. Comme pour le vaccin contre le papillomavirus, il n'y a pas de relation démontrée de cause à effet entre la vaccination et les maladies dénoncées.

IST : les signes qui doivent vous alerter

Les lésions vulvaires

- vulve rouge irritée et gonflée, souvent avec brûlures et démangeaisons (on peut les observer avec un miroir) ;
- petites ulcérations ou plaies qui ne sont pas forcément douloureuses ;
- verrues parfois très nombreuses qui poussent très vite. Attention, elles sont hypercontagieuses et peuvent s'étendre devant et derrière (anus).

Les signes vaginaux

- pertes vaginales anormales (plus abondantes, jaunâtres, verdâtres ou rosâtres, sentent mauvais).

Les lésions au niveau du pénis

- zone rouge irritée et gonflée, souvent avec brûlures et démangeaisons ;
- petites ulcérations ou plaies parfois indolores ;
- verrues parfois très nombreuses qui poussent très vite ;
- écoulements spontanés (pus...).

Les signes urinaires

- des brûlures en urinant ; chez les filles, favorisées après un rapport sexuel.

Les signes au niveau de l'anus

- lésions (bouton, sang, etc.).

Les signes d'infection de l'utérus et des trompes

Là, il faut consulter d'urgence, il y a des risques pour la fertilité. Plus le traitement démarre tôt, mieux on guérit et moins on risque de complications :

- des douleurs pendant les rapports ;
- des douleurs du bas-ventre inhabituelles ou sensations de lourdeur ;
- des saignements anormaux en dehors des règles ;
- de la fièvre.

Source : Institut Alfred-Fournier – http://www.institutfournier.org.

Le sida

Il est dû au virus de l'immunodéficience humaine. Il s'attaque progressivement au système de défense de l'organisme (ou système immunitaire). Cette destruction lente expose le malade à des infections répétées appelées infections opportunistes. Avant d'en arriver au stade de sida déclaré, on peut rester des années sans symptômes apparents. La personne est séropositive, elle n'est pas malade, mais, tout le problème est là, elle peut transmettre le virus sans le savoir et propager l'épidémie.

En France, 150 000 personnes vivent avec le VIH. Le tiers d'entre elles l'ignorent. Environ 6 000 à 7 000 personnes découvrent leur séropositivité chaque année soit 15 à 20 personnes chaque jour. La vigilance contre le VIH a baissé, le recours au préservatif aussi. Les trithérapies rassurent, alors on se protège moins. Mais le traitement prolonge la vie, il ne guérit pas. Et puis il provoque de nombreux effets indésirables, difficiles à supporter. Il n'est vraiment pas le remède miracle. Alors que le préservatif est le seul moyen – à part l'abstinence – qui permette d'éviter le virus.

Les pratiques sexuelles dangereuses (sans préservatif) sont d'abord la sodomie (surtout en cas d'infidélité dans le couple ou de toxicomanie), puis la pénétration vaginale, enfin la fellation (même si le risque est infiniment plus faible que la pénétration par-derrière). Le sperme, le liquide préséminal qui précède l'éjaculation, les sécrétions vaginales, le sang, toutes ces sécrétions de l'organisme sont potentiellement contaminantes, si elles s'insinuent par une petite plaie ouverte au niveau du vagin, du pénis, des gencives (même si le sida ne se transmet pas par la salive)...

Les IST au top

Les infections à *Chlamydiae*, les condylomes et l'hépatite B sont les trois plus fréquentes et sévères IST (à part le sida). L'herpès génital est également très fréquent mais moins grave. Ces IST ont délogé la syphilis, première des infections jusqu'aux années 1970.

♦ *Peut-on attraper une IST ou le sida dès les premiers rapports non protégés ?*

Malheureusement oui. Il peut suffire d'une fois si le partenaire est contaminé. Et il peut l'être sans le savoir.

Alcool et prise de risques

30 à 40 % des premières relations sexuelles ont lieu sous influence de l'alcool, trop souvent sans préservatif. Une des causes importantes d'infection par le sida aujourd'hui vient du fait que de nombreuses relations sexuelles (et pas seulement les premières) ont lieu sans protection à cause de l'emprise de l'alcool.

♦ *Qui consulter lorsqu'on est mineur et qu'on a des doutes ?*

On peut s'adresser au médecin traitant de la famille ou à son gynécologue. L'un comme l'autre est lié par le secret médical et ne révélera rien. On peut aussi s'adresser au Planning familial, dans un centre d'information de dépistage et de diagnostic des infections sexuellement transmissibles ou un centre de planification et d'éducation familiale. Ces structures existent dans chaque département. Les tests, examens et traitements y sont anonymes et gratuits ; aucun document ne sera demandé, ni carte d'identité ni carte de Sécurité sociale.

♦ *Peut-on attraper le sida lorsqu'on est vierge et son petit ami aussi ?*

Non, aucun risque, à moins d'être toxicomane et d'avoir utilisé des seringues contaminées. Un couple vierge (qui n'a eu aucun contact sexuel) ne peut attraper d'IST. Le garçon peut alors estimer qu'il est inutile de mettre un préservatif puisqu'il ne risque rien. Le problème des rapports non protégés devient le risque de grossesse… mais c'est un vrai problème ! Autre difficulté : est-on sûr que son partenaire est bien vierge ?

SI LE TEST EST POSITIF…

♦ *Le préservatif ne protège pas à 100 % de la grossesse. Protège-t-il à 100 % des IST et du sida ?*

Non, même avec un préservatif, on n'a pas une « assurance tout risque ». Mais c'est en tout cas le meilleur moyen que l'on possède, à l'heure actuelle, pour se protéger du VIH et de la plupart des IST. Il offre des garanties dont personne ne peut raisonnablement se passer.

♦ *Peut-on savoir facilement que son (sa) partenaire a une IST ou le sida ?*

Non, c'est très difficile à savoir. Une personne peut être infectée sans s'en douter et transmettre la maladie en toute bonne foi. Les signes visibles, et dont celle-ci pourrait se plaindre, sont : des douleurs inhabituelles au cours de la relation sexuelle, des brûlures ou des picotements au niveau vaginal ou sur le pénis, des pertes qui sentent mauvais et qui tachent les sous-vêtements. Quant au sida, surtout au stade de la séropositivité, il ne se lit pas sur le visage ni dans le comportement. Au départ, l'infection n'est absolument pas douloureuse... Seul le test permet de savoir.

♦ *La mauvaise hygiène est-elle responsable des IST ?*

On peut se doucher deux fois par jour (et son amoureux aussi) et attraper malgré tout une IST. Les microbes existent et nous n'y pouvons rien. Souvent, nous les portons déjà sur nous, sans qu'ils soient dangereux, mais à une occasion ou une autre, ils se multiplient anormalement et deviennent alors plus menaçants. Il n'y a vraiment pas de honte à avoir une IST.

Différencier une perte normale et anormale

Les pertes blanches sont normales chez la fille, elles humidifient la muqueuse du vagin, un peu comme la salive humidifie la muqueuse de la bouche. Ces pertes sont un peu plus importantes au milieu du cycle et deviennent transparentes. C'est seulement lorsqu'elles deviennent plus abondantes que d'habitude ou plus épaisses, qu'elles se colorent (en jaune, vert...) ou qu'elles se mettent à sentir mauvais qu'elles peuvent signaler une infection. Parfois, il y a aussi des brûlures en urinant ou des démangeaisons. Là, il faut consulter.

♦ *Si on a des boutons, si ça brûle, si ça démange, est-ce forcément une IST ?*

Non, une rougeur, un écoulement, une démangeaison ne sont pas nécessairement une infection, mais, quels que soient les signes, il vaut mieux consulter un médecin.

♦ *Est-on obligé de suivre le traitement jusqu'au bout ?*

Oui, il faut suivre le traitement jusqu'au bout car sinon le germe en cause peut reprendre du poil de la bête, devenir résistant, réinfecter les deux partenaires. Le risque ? Des complications comme la stérilité ou le cancer du col de l'utérus. En plus, les IST favorisent la transmission du VIH en cas de rapport non protégé avec une personne porteuse du virus du sida.

♦ *Une IST se manifeste-t-elle obligatoirement au niveau du pénis ou du vagin ?*

Non, certains symptômes peuvent apparaître ailleurs, par exemple au niveau de la bouche ou de la gorge (à cause des pratiques comme la fellation ou le cunnilingus). Les petites plaies sont douloureuses lorsqu'on avale, un peu comme pour une angine ou comme avec des aphtes.

♦ *Peut-on attraper une IST s'il n'y a pas d'éjaculation dans un rapport ?*

Oui, c'est possible. Une fille peut être contaminée par le liquide prééjaculatoire si son partenaire souffre d'une IST. Un garçon peut être contaminé par sa partenaire qui souffre d'herpès par exemple, il suffit d'un contact intime (de muqueuse à peau) pour l'attraper.

♦ *Le sida se transmet-il au cours de la pénétration ou de l'éjaculation ?*

Le risque majeur a lieu au cours de l'éjaculation. Mais le garçon séropositif peut émettre un liquide prééjaculatoire (juste avant l'orgasme) qui abrite le VIH en plus petite quantité, mais qui l'abrite quand même.

♦ *Peut-on attraper une IST sans pénétration ?*

Oui, une fellation sans préservatif peut être contaminante. Un baiser avec de la salive aussi, un contact peau à peau peut transmettre des mycoses ou de l'herpès, etc. De même, le fait d'introduire les doigts à la place du sexe n'est pas complètement sans danger, même si les risques sont infiniment plus faibles que lors d'une pénétration ou, a fortiori, d'une sodomie (risques maximaux).

♦ *Est-on davantage protégé des IST et du sida avec deux capotes ?*

Non, c'est plutôt l'inverse qui se passe. Le risque de déchirure par frottement est plus important, donc le risque de contamination augmente.

♦ *La pilule et les spermicides protègent-ils un peu des IST ?*

Non, ils ne protègent que du risque de grossesse.

♦ *Une IST qui fait très mal (ou qui est très étendue) est-elle plus dangereuse qu'une IST indolore (ou très localisée) ?*

Non, une IST très douloureuse peut guérir très bien et très vite avec le bon traitement ; inversement, une IST indolore (souvent non soignée) peut avoir à terme des conséquences plus embêtantes.

♦ *Quand se faire faire un test de dépistage du sida ?*

Le test permet de savoir si l'on est contaminé ou pas par le VIH. Il est donc possible de l'utiliser dans plusieurs circonstances :

– lorsqu'on a une relation stable avec son ami(e) et que l'on décide de se passer du préservatif. Chacun doit alors faire le test pour être bien sûr de ne pas être contaminé ;

– lorsqu'on a pris un risque (rapport non protégé ou préservatif défaillant). Le test peut être pratiqué dès 15 jours après la situation à risque.

Son médecin habituel peut le prescrire afin qu'il soit effectué ensuite dans un laboratoire d'analyses médicales. Il est remboursé à 100 % par la Sécurité sociale. Si l'on préfère l'anonymat, on peut directement s'adresser à un médecin dans un centre de dépistage anonyme et gratuit (CDAG) ou un centre d'information, de dépistage et de diagnostic des IST. Les mineurs peuvent s'y rendre sans autorisation parentale. Il n'y a pas besoin de carte de Sécurité sociale ; autres solutions : le Planning familial, le dispensaire, le centre antivénérien, la consultation de protection maternelle et infantile. Consulter les adresses p. 252.

♦ *Les nouveaux tests de dépistage du sida sont-ils plus rapides ?*

Oui. Il existe désormais des tests qui permettent de savoir 15 jours seulement après la prise de risque si l'on est séropositif ou pas. Mais le test n'étant pas fiable à 100 %, il est nécessaire de faire un test de confirmation trois mois après la situation à risque pour être bien sûr que l'on n'est pas contaminé. Avant d'avoir ce second résultat, il faudra absolument se protéger et protéger son partenaire en utilisant un préservatif lors de tout rapport avec pénétration.

À Paris, pour les personnes ayant des comportements à risque, la ville a mis pour la première fois en place à l'automne 2011 la possibilité d'effectuer des tests encore plus rapides, anonymes et gratuits. Ils sont réalisés à partir d'une goutte de sang prélevée au bout du doigt et le résultat est lisible en quelques minutes. En cas de positivité, la personne est orientée pour des examens biologiques plus complets qui permettent aussi de dépister d'autres infections sexuellement transmissibles.

Aujourd'hui, la quasi-totalité des contaminations est due à un contact sexuel non protégé. Et les hommes ayant des rapports sexuels avec les hommes représentent, en proportion, la population la plus touchée.

Centre médico-social du Figuier : 2, rue du Figuier, 75004 Paris. Du lundi au vendredi (sauf le mardi) de 17 h à 19 h (sur rendez-vous : 01 49 96 62 70).

♦ *Les IST peuvent-elles parfois passer toutes seules ?*

Oui, certaines IST peuvent guérir spontanément, sans médicaments. Mais comment savoir si on a eu ou pas la « bonne pioche » ? Dans le doute, il vaut mieux consulter, car la maladie peut s'aggraver tout d'un coup, et l'épidémie se propager rapidement (si on a plusieurs partenaires ou si c'est l'autre qui multiplie les rencontres). À éviter : se servir dans l'armoire à pharmacie au hasard des crèmes antiseptiques, des plantes, des antibiotiques. Contre chaque microbe, il existe un traitement précis. Une bactérie n'est tuée qu'avec un antibiotique, un virus avec un antiviral, un parasite avec un antiparasitaire, un champignon avec un antimycosique. De plus, le remède qui a si bien marché la fois précédente sur soi ou qui a guéri son partenaire n'est pas forcément le plus adapté, cette fois, pour ce microbe et cette IST.

♦ *Que faire en cas de rupture de préservatif ?*

En cas de problème de préservatif, la première chose à faire est de mettre fin au rapport sexuel pour limiter au maximum le contact avec la muqueuse.

Au moindre doute d'IST, consulter un médecin.

Si l'on a de bonnes raisons de craindre une contamination par le VIH (rapport non protégé ou mal protégé avec une personne séropositive, viol, etc.), il existe un traitement d'urgence préventif qui réduit les risques de contamination. Ce traitement doit être pris au plus tard dans les 48 heures qui suivent la prise de risques. Se rendre au service d'urgence de l'hôpital ou, quand on est loin de tout, appeler Sida info service pour connaître le lieu le plus proche où s'adresser. Ce traitement ne se prend pas à la légère. Il dure un mois, il est lourd avec des effets indésirables (nausées, vomissements, etc.). Il n'y a pas de preuve absolue de son efficacité, mais mieux vaut tenter cette thérapie d'urgence que rien du tout. L'apparition de signes comme de la fièvre, des maux de tête, des ganglions, des boutons et/ou une angine dans les 15 jours qui suivent le risque nécessite une consultation rapide : il s'agit peut-être d'une primo-infection (première rencontre avec le VIH). Le médecin demandera un test de dépistage précoce pour en avoir le cœur net.

Bons plans et bonnes adresses

- Fil santé jeunes : 32 24
- Hépatite info service : 0 800 845 800. Permet de s'informer sur toutes les hépatites, oriente et soutient. 7 jours sur 7, de 9 h à 23 h. Communication gratuite d'un fixe.
- Sida info service : 0 800 840 800. Aide à connaître les pratiques sans risques et à évaluer son risque de contamination en cas de doute et donne l'adresse du centre de dépistage anonyme et gratuit le plus proche de chez soi. 7 jours sur 7, 24 heures sur 24, communication gratuite d'un fixe.
- Le site Internet de l'association Aides, www.aides.org, fournit des flashs info et offre la possibilité de poser des questions.
- On peut aussi consulter les sites Internet suivants : www.protegetoi.org ou www.onsexprime.fr : prévention du sida et des autres IST, informations sur la sexualité.

Les adresses des centres les plus proches de chez soi peuvent être obtenues en téléphonant à Sida info service.
À Paris, l'Institut Alfred-Fournier : 25, bd Saint-Jacques, 75014 Paris – 01 40 78 26 26 – www.institutfournier.org. Dépistage gratuit du VIH, des virus de l'hépatite B et C. Information et prévention des IST.

Histoires de famille, une BD sur le dépistage de l'hépatite B. Lorsque Bruno revient chez lui avec sa compagne pour qu'elle se repose, il est très loin de se douter qu'elle présente tous les symptômes de l'hépatite B. Il est tout aussi incapable d'imaginer qu'il lui a lui-même transmis le virus. L'enquête familiale qu'il entreprend lui réserve bien des surprises. Renseignements auprès des éditions Narratives info@narratives.fr.

11.

Premières consultations chez le médecin, petits soucis de santé

▸ Côté fille

La première fois chez le gynécologue (ou le médecin traitant)

La première visite peut rendre fières certaines adolescentes qui se sentent devenir femmes, ce qui n'empêche pas que beaucoup de filles ont peur de cette première fois pour différentes raisons : peur de se mettre nue devant un inconnu, peur d'avoir mal pendant l'examen médical, peur que tout ce qui a été dit en consultation soit révélé aux parents, peur des questions intimes que le gynéco va poser et, parfois, on a peur de tout, on pourrait cocher toutes les cases...

Ces peurs sont compréhensibles mais non justifiées et le fait de savoir exactement ce qui va se passer permet de « déminer » la situation. Après coup, on pensera : « Bof, ce n'était que ça ! » Ce premier examen n'est pas si terrible, et il fait partie de la vie de toutes les femmes, c'est presque un rite initiatique pour devenir grande.

Quand y aller ?

En fait, la première fois devrait avoir lieu en dehors de toute actualité amoureuse, juste pour faire connaissance avec le médecin et lui poser des questions. On peut y aller aussi en cas d'anomalies (pertes blanches, brûlures...). Certaines adolescentes y vont vers 15-16 ans lorsqu'elles ont leurs premiers rapports sexuels, le médecin préfère les voir avant, pour parler de contraception justement. L'idéal serait de prendre rendez-vous en dehors de la période des règles... mais ce n'est pas toujours facile, les délais pour obtenir un rendez-vous sont parfois longs, les règles, ça ne se planifie pas comme ça, et il vaut mieux y aller même en période de règles que de le reporter à une date éloignée.

♦ *Va-t-il m'examiner la première fois ?*

Non, pas forcément. Le médecin respectera le rythme de l'ado qui voudra être examinée ou pas. L'examen clinique et gynécologique pourra avoir lieu la fois suivante. Au fait, c'est évident, mais cela va mieux en le disant, ne pas oublier de préciser que c'est la première consultation, ce n'est pas écrit au milieu du visage.

♦ *Dois-je me préparer avant d'y aller ?*

Pour être détendue au maximum et ne pas être gênée par des petits détails, on peut s'épiler les jambes si on a l'habitude de le faire, se mettre du vernis à ongles aux pieds, enfiler une lingerie pratique et agréable dans laquelle on se sente bien.

Se préparer, cela signifie aussi penser à l'avance à une liste de questions que l'on aimerait poser pour ne pas les oublier le moment venu (puberté, contraception, cycle, transmission des infections sexuellement transmissibles...). Il faut oser poser toutes les questions, sans timidité ni honte, ce médecin a l'habitude, il est là pour ça aussi.

♦ *Puis-je y aller avec ma mère ou avec une copine ?*

Oui, on peut tout à fait y aller accompagnée si on a besoin d'être rassurée. La mère ou la copine pourra rester une partie de la consultation mais devra passer en salle d'attente lors de l'examen médical.

♦ *En quoi consiste l'examen gynécologique ?*

Une fois déshabillée, il faut s'installer sur une table d'examen, les fesses au bord de la table, les deux pieds dans les étriers, jambes écartées. L'examen consiste à s'assurer que la partie génitale est bien normale (état de la vulve, du vagin et du col). Pour cela, le médecin utilise un petit tube adapté à l'anatomie. Il pratiquera un toucher vaginal en ayant pris soin d'utiliser des gants jetables. L'examen permettra de s'assurer qu'il n'y a aucune anomalie au niveau de l'utérus et des ovaires. Il permet de vérifier qu'il n'y a pas non plus d'infection qui pourrait entraîner des douleurs, des pertes, voire bien plus tard une infertilité.

Tout cela est indolore et dure moins de trois minutes. Vous avez bien lu, *ça ne fait pas mal* du tout.

L'examen sera complété d'une palpation des seins à la recherche d'éventuels kystes. Le médecin prendra éventuellement la tension et le poids sur une balance.

♦ *Que faire si on se sent trop stressée pendant l'examen gynéco ?*

Un moyen est de fixer son attention sur toute autre chose, une affiche dans le cabinet, un objet, cela permet de prendre de la distance au propre comme au figuré. On peut aussi pratiquer la respiration abdominale pendant l'examen. Inspirer lentement avec le nez en gonflant le ventre, mais pas trop, puis expirer en rentrant le ventre. Ce simple petit exercice répété plusieurs fois permet de se détendre.

♦ *Le médecin peut-il deviner que je ne suis plus vierge (ou que je me suis déjà masturbée) ?*

Pour ce qui est de la virginité, oui, c'est sûr, un simple examen visuel permet au médecin de voir que l'hymen est rompu. Pour ce qui est de la masturbation, cela ne se voit pas, et de toute façon, il n'y a aucune honte à se caresser, cela peut même devenir un avantage indiscutable dans sa vie sexuelle.

♦ *Quelles questions va-t-il me poser ?*

Quelle a été la date des premières règles ? Le cycle est-il normal et régulier ? Les règles sont-elles douloureuses, longues, abondantes, quelquefois absentes... ? Quelle est la date des dernières règles (en fait le premier jour des dernières règles) ? A-t-on déjà utilisé une contraception ? A-t-on déjà eu des rapports sexuels ? Est-on fumeuse ou pas ? A-t-on eu des interventions chirurgicales, des problèmes médicaux connus ? Dans la famille, y a-t-il eu des cas de cancer, de diabète, d'hypertension ?

Cet échange avec le médecin est un moment privilégié, il n'y a pas à lui mentir, on a intérêt à être honnête... répétons-le, aucune partie du corps n'est honteuse, et la sexualité ne l'est pas davantage.

♦ *Peut-il tout répéter aux parents ?*

On le dit ici et on insiste vraiment, le médecin est lié par le secret professionnel, il ne peut en aucun cas révéler ce qui est dit en consultation.

♦ *Faut-il choisir un homme ou une femme ?*

La question de la pudeur se pose aussi bien avec un homme qu'avec une femme. Ce qui importe est de se sentir à l'aise avec le médecin que l'on voit. Il y a des femmes – et même des filles – qui se sentent plus à l'aise avec un homme, et c'est l'inverse pour d'autres. Il faut bien avoir conscience que ce médecin, homme ou femme, est d'abord là en tant que soignant et aidant, et non en tant que directeur de casting pour top models, juge de la bonne moralité, professeur ou ami... C'est juste un professionnel de santé, là pour guider sa patiente.

♦ *Comment choisir son gynéco ?*

Habituellement, on utilise les adresses des copines, de sa mère, voire celle du Planning familial...

Le gynéco, c'est comme le psy, on doit s'y sentir à l'aise, quitte à en chercher un nouveau. L'enjeu en vaut la peine, cette personne vous accompagnera pendant des années pour les bons moments ou la routine et parfois pour les moments plus difficiles.

♦ *Dois-je choisir le gynéco de ma mère ?*

Certaines préfèrent consulter le même gynécologue, elles sont dans une relation assez amicale avec leur mère et ne voient pas pourquoi s'en défier. Le secret professionnel existe, alors pourquoi se compliquer la vie ! D'autres ados au contraire ont justement besoin de se construire dans la différence, d'exercer leurs propres choix et de s'approprier totalement leur monde intime sans la supervision « symbolique » de leur mère.

À chacune de voir ce qui lui convient à elle. Il n'y a pas de bonne ou de mauvaise manière d'agir. Ce qui est certain, en revanche, c'est que la mère n'a rien à imposer.

♦ *Et la question du prix ?*

La consultation d'un gynécologue conventionné est de 23 €. On peut se rendre chez ce médecin avec ou sans sa mère et fournir la carte Vitale de ses parents. Si le médecin n'est pas conventionné, le dépassement peut être important (la consultation atteint parfois 40 à 100 €), voilà pourquoi il vaut mieux poser la question du tarif au téléphone en prenant le rendez-vous.

Le pass santé contraception permet d'accéder gratuitement à un suivi médical et à la contraception (voir chapitre 8, p. 225). Il s'agit d'un carnet comprenant cinq coupons dont une première consultation médicale, des examens biologiques, la délivrance d'un contraceptif avec ordonnance, le suivi médical et le renouvellement du contraceptif avec l'accord du médecin. Il faut se renseigner auprès de l'infirmerie de son lycée, ce pass n'existe que dans quelques régions comme le Poitou ou l'Île-de-France.

On peut aussi s'adresser au Planning familial où les visites sont totalement prises en charge. Il en existe au moins un centre par département. Ou encore s'adresser à l'hôpital dans un centre d'orthogénie. Pour obtenir l'adresse du centre le plus proche de chez soi, consulter www.planning-familial.org ou appeler Fil santé jeunes : 32 24, numéro gratuit depuis un poste fixe. Ici aussi, on saura vous orienter.

Petits soucis de filles

Les règles

Trop abondantes ou trop longues

Des règles normales durent entre quatre et cinq jours, avec un volume réduit dès le troisième jour.

Quand on est dans l'obligation de se changer une ou plusieurs fois au cours de la nuit malgré la superposition d'un tampon et d'une serviette très absorbante, quand on fabrique beaucoup de caillots, même le deuxième ou le troisième jour des règles, quand on est toujours fatiguée, c'est qu'on a sans doute des pertes de sang excessives et on souffre peut-être d'anémie sans le savoir. Souvent, des douleurs accompagnent ces règles trop abondantes à cause des contractions de l'utérus nécessaires à l'expulsion des « peaux ». C'est cela qui fait mal.

La présence d'un fibrome ou un déséquilibre hormonal (trop d'œstrogènes par rapport à la progestérone) provoquent l'épaississement du tissu qui recouvre la muqueuse de l'utérus en surface.

Les traitements consistent à prendre des médicaments à base de progestérone, ils réduisent l'épaisseur de la muqueuse utérine.

Trop courtes ou trop espacées

Si la muqueuse utérine est peu épaisse, elle saignera moins, et les règles seront de courte durée (à peine un ou deux jours) ou distantes de 35 ou 40 jours au lieu des 28 jours habituels d'un cycle.

Tant que les règles demeurent régulières, il n'y a aucun souci à se faire, c'est peut-être la pilule qui est en cause. Si on est gênée, il suffit d'en parler à son médecin, il prescrira une pilule plus adaptée, plus riche en œstrogènes.

En revanche, si les règles surviennent régulièrement tous les deux ou trois mois voire davantage, un bilan hormonal et médical s'avère peut-être nécessaire.

Brusquement ou continuellement absentes

La plupart du temps, les règles sont absentes en cas de grossesse. En dehors de ce cas de figure classique, il peut y avoir des raisons hormonales qui expliquent leur disparition. Certaines adolescentes n'ont jamais eu de règles, à cause d'un problème hormonal. La pilule peut parfois les aider. De même, chez les jeunes filles ou les femmes trop maigres, le faible poids entraîne une disparition des règles, un peu comme si la nature, par sécurité, empêchait toute possibilité de grossesse. Quelques kilos de plus et le cycle redémarre normalement.

Les causes psychologiques interviennent souvent : un stress important et c'est tout le cycle qui est chamboulé. Au bout de quatre à six mois sans règles, il vaut mieux consulter un médecin.

Irrégulières et inconstantes

Dans la grande majorité des cas, les règles irrégulières sont la conséquence d'une insuffisance de progestérone en seconde partie de cycle. Il suffit alors de prendre cette hormone dix jours par mois et les règles reprennent normalement. Une fois le cycle bien relancé, il n'y a plus besoin de prendre de médicaments.

Trop douloureuses

90 % des douleurs de règles disparaissent sous pilule classique. Quand ça ne marche pas, ou si on se refuse à prendre des hormones, on peut recourir aux anti-inflammatoires comme l'ibuprofène pendant quelques jours. Ici, l'aspirine n'est pas du tout indiquée, car elle fait saigner davantage.

Les mycoses

Les mycoses se manifestent par des pertes blanches, épaisses comme du yaourt. Le contact de l'urine sur la vulve brûle très intensément. On peut ressentir ces brûlures comme une véritable urgence : le week-end, en vacances... on s'affole. La plupart du temps, le problème survient après une prise d'antibiotiques (après le dentiste par exemple), une constipation ou une diarrhée. Mais en tout cas pas après un rapport sexuel.

Alors que faire ? Pour l'hygiène intime, il est conseillé d'utiliser un savon de pH neutre (Hydralin®, Sogella®, Saphorelle®, Rogé Cavaillès...) et de se laver une à deux fois par jour maximum. Les lavages répétés assèchent le vagin et le rendent irritable, c'est un cercle vicieux. Dans l'urgence, si la brûlure est bien externe, on peut utiliser l'antimycosique qu'on trouvera dans l'armoire à pharmacie de sa mère. C'est un recours exceptionnel. Le pharmacien peut conseiller et délivrer un traitement momentané. Il existe un test diagnostic à faire soi-même, qui permet de savoir si oui ou non, il s'agit d'une mycose. Le mieux reste de consulter son médecin, il prescrira un antimycosique.

Les cystites

Les signes de la cystite sont une envie fréquente d'uriner (quelques gouttes à peine chaque fois), des urines troubles et malodorantes avec parfois du sang, une douleur pendant que l'on fait pipi. Depuis peu, il existe un test d'autodiagnostic que l'on peut acheter en pharmacie et qui permet de savoir rapidement à domicile s'il s'agit bien d'une cystite.

Si c'est la première alerte, il est recommandé de faire le test ou de demander conseil à son pharmacien. En tout cas, il ne faut pas piocher un antibiotique dans l'armoire à pharmacie des parents.

Si on fait des cystites à répétition et que le médecin a déjà prescrit des antibiotiques adaptés, on peut utiliser les produits qui restent dans l'armoire à pharmacie pendant la durée prévue. On peut aussi tenter l'alternative plus naturelle à base de canneberge (espèce *Vaccinium macrocarpon*, c'est la seule dont l'efficacité ait été prouvée scientifiquement), à condition d'intervenir très tôt, dès les premières gênes urinaires. La canneberge, plus connue sous son nom anglais *cranberry*, est une petite baie d'origine américaine qui, grâce à son pouvoir antiadhésif, permet d'éliminer les bactéries nocives collées aux parois de la vessie. Elle s'utilise sous forme de gélules, de jus, de sachets ou de boisson (Urell®, Cystinéa®...). Le bon dosage est important : 36 mg. À côté de cela, on limitera toutes les boissons et on prendra des traitements antispasmodiques (Spasfon®, etc.) contre les douleurs. Si on sent que la crise monte malgré la canneberge, il faut consulter.

Pour éviter les récidives, il convient de respecter un certain nombre de bonnes règles : boire 1,5 à 2 litres d'eau par jour (plus les urines sont claires, moins on risque d'infection) ; porter des vêtements amples et des slips en coton ; s'essuyer de l'avant vers l'arrière pour éviter de se contaminer avec les germes avoisinants ; uriner après les rapports sexuels ; lutter contre la constipation, la persistance des selles à proximité des voies urinaires favorisant la prolifération microbienne.

Il est impératif de consulter rapidement un médecin si vous avez de la fièvre, des frissons, des tremblements ou des douleurs dans le bas du dos qui témoigneraient d'une éventuelle infection du rein à traiter en urgence.

Les problèmes de seins

Les boules

Neuf fois sur dix, chez les jeunes femmes, ces boules sont inoffensives et ne risquent pas de devenir cancéreuses avec le temps. Généralement, on les découvre au cours de la toilette ou des caresses amoureuses.

Les **adénofibromes**, les plus fréquents, sont des petites tumeurs bénignes et indolores, de la forme d'une olive et de taille plus ou moins importante. Ils sont formés d'un tissu glandulaire solide et normal où les fibres de collagène se sont mises à proliférer pour on ne sait quelle mystérieuse raison. Avant 35 ans, il est tout à fait inutile d'envisager une intervention chirurgicale.

Les **kystes** sont des petites boules remplies de liquide. Chez les jeunes, ils sont très souvent liés au problème psy du moment (rupture, tracas au lycée, etc.). Leur formation est brutale, parfois spectaculaire, et leur régression l'est tout autant. On peut s'endormir normale le soir, et se réveiller le lendemain avec une mandarine dans le sein. Et tout peut rentrer dans l'ordre rapidement si on est rassurée. Mathilde s'est retrouvée avec deux billes inconnues dans la poitrine. « Au réveil, c'était la panique, j'avais ces choses douloureuses sous le mamelon. J'ai aussitôt consulté un gynécologue. J'étais très inquiète, ma mère se faisait suivre pour un cancer du sein... Le médecin m'a affirmé que tout allait s'arranger tout seul. Le soir même, les deux boules n'y étaient plus. » Lorsque les kystes sont plus volumineux, il est possible de les ponctionner à l'aide d'une aiguille comme pour une piqûre, et d'en aspirer le liquide, directement au cabinet du gynécologue (s'il a l'habitude) ou à l'hôpital. Malgré son côté barbare, la ponction est peu douloureuse et soulage immédiatement lorsqu'on souffre.

Les **mastoses** sont des petites boules indurées et fibreuses qui évoluent avec le cycle menstruel. Elles sont fréquentes et tout à fait anodines, malgré les douleurs qui peuvent les accompagner. Elles gonflent parfois de manière importante quelques jours avant les règles et se dégonflent comme des baudruches après. Le traitement se résume à attendre que tout rentre dans l'ordre. Si on est vraiment gênée, on peut prendre des antidouleurs. Le médecin peut prescrire des gels de progestérone à appliquer sur la poitrine ou des veinotoniques pour améliorer la circulation locale.

Les douleurs

Les douleurs des seins ou mastodynies se résument en trois catégories : celles qui surviennent avant les règles (d'origine hormonale), celles qui se produisent n'importe quand (on parle de douleurs projetées), et celles qui sont permanentes (en relation avec un problème psy). Les douleurs prémenstruelles (seins gonflés, tendus, hypersensibles) sont parfois liées à une pilule trop dosée ou mal adaptée. La solution est logique : prendre une pilule moins dosée ou en essayer une nouvelle.

Des seins douloureux peuvent être parfaitement sains, sans que les hormones soient en cause, il s'agit peut-être de douleurs projetées venues du « dessous » et qui s'expriment en surface. Les vrais responsables : des névralgies intercostales, etc. Les médicaments antidouleur ou les anti-inflammatoires en viennent à bout tout simplement.

Les coups

Une porte que l'on s'est prise brutalement, un coup de balai voire un coup de volant... les traumatismes sur les seins peuvent faire hurler de douleur. La première chose à tenter, appliquer des glaçons enveloppés dans un tissu là où ça fait mal pour réduire l'inflammation, puis étaler une pommade à l'arnica, et compléter avec de l'aspirine ou du paracétamol. L'hématome se résorbe généralement spontanément et sans séquelles. Mais si au bout de trois semaines, il est toujours là (généralement, il est encore visible à l'œil nu), il devient indispensable de consulter.

▶ Côté garçon

La première fois chez un spécialiste

La consultation débute par une discussion qui permet d'établir le dossier médical (âge, poids, taille, début de la puberté, etc.) et de dégager le problème qui a conduit à consulter. Le dialogue s'instaure, on peut poser ses questions.

Vient le moment de l'examen andrologique, avec auscultation de la verge et des testicules afin de repérer d'éventuelles anomalies (au niveau de la consistance, de la forme, de la taille, etc.). Cet examen n'est absolument pas douloureux et ne doit pas gêner. Il est suivi de l'examen de la pilosité et du thorax.

À partir de là, il est fréquent de poser de nouvelles questions : « Tiens, cette tache noire sur le pénis est-elle normale ? », « Je transpire beaucoup, y a-t-il des solutions ? »... Dans la majorité des cas, tout est anatomiquement normal. Parfois, un petit traitement est nécessaire. Mais, comme c'est souvent le cas, ce n'est que le premier pas qui coûte.

Qui consulter ?

Habituellement, on s'adresse au médecin que l'on connaît et en qui on a confiance : le médecin traitant de la famille ou son pédiatre. Le problème, c'est qu'en matière de sexualité ou de questions intimes, on est subitement moins bavard de crainte qu'il ne répète tout aux parents. Sachez que tout médecin est tenu par le secret professionnel, il ne doit donc pas divulguer ce qui est dit au cours de la consultation. Au besoin, n'hésitez pas à le lui rappeler.

Si le motif de la consultation dépasse ses compétences, il pourra renvoyer à un spécialiste : l'andrologue ou l'urologue.

Qui fait quoi ?

L'andrologue est en quelque sorte le gynécologue de l'homme. C'est le médecin des questions sexuelles masculines et de la contraception. Il s'intéresse aux maladies de la verge, aux problèmes hormonaux, aux troubles de la sexualité masculine et aux problèmes psychologiques associés.

L'urologue est le spécialiste de l'appareil urinaire. Comme, chez l'homme, cette structure est située au niveau de l'appareil génital, il est parfois sensibilisé aux questions qui s'y rapportent et les traite aussi. L'urologue est un chirurgien, susceptible d'opérer si nécessaire.

Petits soucis de garçons

Certaines maladies de la zone génitale inquiètent beaucoup les garçons : douleur violente dans les testicules, brûlures, douleurs au niveau du prépuce, etc. Mieux vaut alors s'adresser rapidement à un médecin pour lever les doutes et mettre en route un éventuel traitement. Il n'y a pas de honte ni de pudeur à avoir, les médecins sont précisément là pour cela.

> **L'arbre qui cache la forêt**
>
> Parfois, le problème avoué en consultation est un peu l'arbre qui cache la forêt. On parle de son trouble physique, mais en fait, ce qui se joue au niveau inconscient n'est-il pas le plus important ? Angoisse à l'idée de faire l'amour pour la ou les premières fois, inquiétude de ne pas être à la hauteur, peur de ne pas être conforme sur le plan anatomique pour franchir le pas ? Là encore, la visite médicale permet bien souvent de se rassurer.

Phimosis

Lorsque le prépuce a un orifice trop étroit, il est difficile de le faire coulisser afin de décalotter le gland. C'est gênant non seulement au cours de la toilette, mais aussi en cas de rapports sexuels. Des saignements abondants peuvent parfois survenir. Heureusement, ils sont sans gravité. Un simple geste chirurgical permet d'élargir une fois pour toutes l'orifice. L'intervention dure quelques minutes. En cas de phimosis important, le médecin peut proposer une circoncision. Pas d'affolement, il s'agit simplement de retirer le prépuce, donc un bout de peau. Cela dit, cette intervention ne doit pas être pratiquée à la légère chez tout le monde.

Pour certains garçons, le mouvement du prépuce sur le gland sert de déclencheur au plaisir, sa disparition peut alors être vécue de manière négative. Le chirurgien se contentera d'élargir notablement l'orifice sans ôter le prépuce.

Verge tordue

Chez les ados, la verge déviée résulte presque toujours d'un (petit) problème mécanique, alors que chez les hommes de plus de 40 ans, il peut s'agir d'une vraie maladie, avec d'autres signes associés. Le plus souvent, la verge est légèrement orientée à gauche ou à droite à cause du frein qui retient le prépuce trop court et trop serré. Le traitement consiste à sectionner le frein, au moyen d'un geste chirurgical encore plus rapide que pour le phimosis.

Verge trop petite

Beaucoup d'hommes se plaignent de ne pas être gâtés par la nature, heureusement à tort, puisque leur organe est parfaitement acceptable. Pour les autres, ceux qui ont un réel problème médical, la verge trop petite (inférieure à 7 cm au repos) s'explique par un défaut d'hormone mâle, dû aux testicules qui fonctionnent au ralenti. Si la puberté n'est pas achevée, il suffit de fournir les hormones manquantes pour que tout rentre dans l'ordre ; si elle est achevée, une intervention chirurgicale – exceptionnelle – reste possible. Le procédé est astucieux : comme on ne peut rallonger la verge elle-même, le principe va consister à désinsérer les ligaments qui la maintiennent collée au pubis. Ainsi, avec un arrimage plus léger, la verge paraîtra plus longue de deux centimètres en moyenne.

Penis captivus

Rien que le nom fait froid dans le dos ! Heureusement, dans la vraie vie, ce problème est plus que rare, mais nous en parlons car il est ancré dans l'imaginaire, au point d'apparaître çà et là dans des films ou des séries. Ici, le pénis reste piégé dans le vagin de la partenaire. On imagine la panique qui s'ensuit. Soudé comme des siamois, le couple parvient à atteindre le téléphone et à lancer un SOS très embarrassant au médecin. Pour éviter d'en arriver là, un remède implacable, à faire soi-même : le toucher rectal. Le garçon doit mettre son doigt dans le rectum de la fille (via l'anus), ce qui provoque un réflexe et un relâchement des muscles qui entourent le vagin et qui retenaient le pénis prisonnier.

Traumatisme

Un violent coup au niveau de la verge ou des bourses peut entraîner un hématome étendu, voire rompre l'urètre ou briser les corps caverneux. Au moindre doute, pas d'hésitation, mieux vaut consulter pour vérifier que tout est OK (plutôt que KO !). Une échographie sera parfois demandée. En attendant de voir le médecin, on peut commencer par appliquer un glaçon au niveau de l'hématome ; l'inflammation locale sera ensuite traitée à l'aide d'anti-inflammatoires. Si l'érection revient normalement au bout de quelques heures ou de quelques jours, c'est que tout fonctionne. Si la douleur persiste plus de trois ou quatre jours, qu'elle empêche de marcher normalement, de s'asseoir ou de dormir, il faut (re)voir le médecin.

Brûlures, picotements, inflammations

Ces signes sont souvent la conséquence d'une infection, en l'occurrence d'une maladie sexuellement transmissible à traiter (voir p. 227). Chez certaines personnes, il peut se produire ce phénomène paradoxal : des mois (voire des années) après l'infection, et alors que les microbes ont complètement disparu, le nerf qui innerve la verge ou les testicules peut rester sensible et douloureux. On n'est pas infecté, donc plus contagieux, mais on a toujours mal. Il est important de consulter un médecin.

Torsion du testicule

Une douleur brutale et intense au niveau des bourses est une urgence médicale. Les testicules sont deux boules suspendues dans les bourses. Ils sont soutenus par un cordon (fait de vaisseaux sanguins qui le nourrissent et de fibres). Si le testicule pivote, le cordon se tord et le sang n'arrive plus à destination. On dispose de quelques petites heures pour intervenir chirurgicalement. Au-delà, il y a risque de mort du testicule par manque d'oxygène.

Un seul testicule

Le fait d'avoir un testicule en moins n'est pas un handicap médical ou sexuel. On peut non seulement avoir une fertilité tout à fait normale (le testicule présent travaille pour deux), mais aussi une sexualité épanouie. Le seul problème peut donc être d'ordre psychologique, selon l'idée que l'on s'en fait et la manière dont cela a été vécu et expliqué par ses parents.

Orchite et oreillons

Tous les garçons le savent : attraper les oreillons lorsqu'on est encore enfant est plutôt une chance. Au moins, on les a eus. En revanche, les oreillons à l'adolescence ou à l'âge adulte peuvent s'accompagner simultanément d'une infection d'un ou des deux testicules (orchite), qui pourrait compromettre la fertilité à venir. Mais aujourd'hui, presque tous les garçons sont vaccinés puisque le ROR (vaccin contre la rougeole, les oreillons et la rubéole) est exigé à l'entrée en crèche ou en maternelle. Un rappel est prévu à 12 ans. Si l'on n'a pas été vacciné et qu'autour de soi, un enfant est malade, éviter son contact. L'incubation dure 21 jours. Si on attrape les oreillons malgré tout, pas de panique, le médecin peut injecter des substances qui atténueront l'attaque des virus (gammaglobulines).

Dictionnaire de l'amour et du sexe

A

Abstinence : absence de rapports sexuels plus ou moins prolongée.
Abus sexuel : utilisation de l'enfant ou du jeune adolescent pour le plaisir de l'adulte, selon la définition légale. Mais la loi peut aussi considérer qu'il y a abus lorsqu'un adolescent use de son autorité ou de la contrainte pour forcer un enfant ou un ado plus jeune à lui faire des caresses intimes (fellation, etc.).
Adolescence : période comprise entre l'enfance et l'âge adulte, dont les premières manifestations physiques et psychologiques débutent à la puberté.
Androgènes : hormones mâles dont la plus connue est la testostérone.
Anorgasmie : absence d'orgasme se manifestant par une absence de plaisir, et, chez l'homme, souvent par une absence d'éjaculation.
Aphrodisiaque : substance censée stimuler le désir et les performances physiques, voire redonner de la vigueur aux organes génitaux. Au bataillon desquelles le ginseng, le piment, le bois bandé, la corne de rhinocéros pilée... bref, du folklore.
Aphrodite : déesse de l'amour, née de l'écume d'une vague. Chez les Romains, elle est baptisée Vénus.
Attouchement : caresse des parties sexuelles. On parle généralement d'attouchement en cas de pédophilie ou de viol.
Avortement : interruption de grossesse, spontanée (fausse couche) ou volontaire (IVG).

B

Back-room : arrière-salle dans les bars gay où ont lieu des contacts sexuels plus ou moins poussés.
Baiser : « donner un baiser » signifie s'embrasser, « baiser » tout court veut dire faire l'amour. Terme très familier en ce cas, parfois vulgaire.
Bisexualité : relations sexuelles avec filles ou garçons, au fil de son humeur et des rencontres. Le bisexuel vit souvent des relations hétéro, épisodiquement entrecoupées de relations homosexuelles.
Bourses : sacs qui entourent les testicules, à ne pas confondre avec l'ancien haut lieu de l'économie et du Nasdaq, la Bourse. Quoique... les bourses, justement, sont aussi surnommées « les précieuses ».

C

Canal déférent : canal fin et long de 3,5 cm, reliant chaque testicule à la prostate.
Candidose : mycose due à une prolifération anormale de champignons (*Candida albicans*). Se manifeste par des démangeaisons, des rougeurs et des brûlures au niveau du vagin et de la vulve chez la fille ou du pénis chez le garçon.
Capote : nom familier du préservatif. Au XVIIIe siècle, en Angleterre, on fabrique le *reading coat* (ou redingote) à partir de boyaux de mouton, d'où l'origine de l'expression « capote anglaise ».
Castration : ablation accidentelle ou chirurgicale des testicules (et

parfois du pénis) chez l'homme, ce qui entraîne la suppression de la sécrétion des hormones sexuelles. Voilà pourquoi les castrats d'autrefois chantaient d'une voix si pure et si efféminée. Le dernier grand castrat de l'Église quitta sa fonction en 1913. Autrefois, en Inde, la castration devait permettre d'atteindre le plus haut degré de la spiritualité. On dit que l'on se sent castré par quelqu'un lorsqu'on veut exprimer le fait qu'il empêche notre épanouissement et notre développement personnel.

Célibat : on vit seul, ni en concubinage ni marié.

Chasteté : abstinence volontaire et durable, le plus souvent pour raison religieuse ou d'éducation (chasteté avant le mariage).

Chaude-pisse : mot familier synonyme de blennorragie. C'est une infection sexuellement transmissible, qui se manifeste notamment par des brûlures sévères en urinant et un écoulement de pus au bout du pénis.

Chlamydiae : bactérie responsable d'une IST pouvant entraîner des risques de stérilité chez la femme ou chez l'homme.

Circoncision : suppression du prépuce qui recouvre le gland pour raisons rituelles chez les juifs et les musulmans, ou pour raisons médicales (orifice du prépuce trop serré).

Clitoris : organe sexuel féminin situé entre les deux petites lèvres, en haut, à l'entrée du vagin. Cette zone ultrasensible est recouverte de très nombreux récepteurs sensoriels et filets nerveux. Elle est l'un des grands déclencheurs du plaisir féminin.

Coït : terme utilisé pour les animaux comme pour l'homme signifiant accouplement et pénétration.

Concubinage : vie en couple sans être marié.

Condom : synonyme de préservatif. C'est le docteur Condom, médecin personnel de Charles II, roi d'Angleterre et contemporain de Louis XIV, qui l'aurait proposé à Son Altesse britannique pour lui épargner une trop grande marmaille illégitime. En souvenir du bon docteur, on a baptisé le préservatif « condom ».

Condylome : petite verrue pas forcément visible, due au papillomavirus. Elle est très contagieuse et souvent localisée au niveau des organes sexuels. Chez les femmes, elle peut entraîner un risque de cancer du col de l'utérus si elle n'est pas traitée.

Contraception : tous les moyens mis en œuvre pour empêcher une grossesse (pilule, patch, anneau vaginal, implant, stérilet, préservatif, spermicide, etc.).

Corps caverneux : deux cylindres situés dans la verge qui permettent de créer l'érection en se gorgeant de sang.

Coup de foudre : rencontre entre deux personnes qui, dès le premier regard, provoque un émoi intense, brusque et saisissant comme la foudre tombant du ciel.

Cunnilingus : caresse des organes sexuels féminins avec la langue. On parle aussi de caresses bucco-génitales (comme pour la fellation).

D

Décalotter : faire coulisser la peau du prépuce sur le gland pour le découvrir au cours de la toilette ; pour faciliter la masturbation ou la pénétration.

Déflorer : faire l'amour pour la première fois à une jeune fille vierge. La pénétration rompt l'hymen.

Dépuceler : terme familier qui signifie déflorer une pucelle, c'est-à-dire une fille vierge.

Désir : envie de faire l'amour, pulsion et attirance pour l'autre, qui s'exprime souvent par une érection chez l'homme et une sensation de chaleur dans le bas-ventre chez la femme, avec une lubrification du vagin. On « mouille » intensément.

Détumescence : perte de l'érection souvent après l'éjaculation. Le pénis devient mou.

Déviation : comportement sexuel en dehors de la norme sociale, variant donc en fonction des époques et des cultures. Autrefois, on parlait de perversion.

E

Échangisme (ou mélangisme) : échange de partenaires au cours de la relation sexuelle. Il existe des clubs échangistes.

Éjaculation : émission de sperme très souvent associée à un plaisir intense.

Épididyme : fin canal de 6 mètres de long enroulé en pelote sur lui-même au-dessus du testicule (donc en apparence, il ne fait que quelques centimètres), qui assure la maturation des spermatozoïdes afin de les rendre fertiles et qui les achemine ensuite vers le canal déférent.

Érection : gonflement et durcissement du pénis suite à une émotion forte (excitation, plaisir, stimulation) ou à une cause « réflexe » (froid, vessie pleine au réveil).

Éros : fils d'Aphrodite et dieu de l'Amour. Il porte aussi le nom de Cupidon.

Érotique : sensuel, voluptueux, qui incite au désir. Lire, voir, entendre, sentir, toucher et être touché, tout cela participe à l'érotisme d'une situation.

Estrogène : voir Œstrogène.

Eunuque : homme castré particulièrement apprécié des sultans et pachas, pour la garde de leur harem. Dans l'Orient ancien, les eunuques étaient souvent conseillers des empereurs, à cause de leur réputation de sagesse, de loyauté et de leur détachement des passions humaines.

Exhibitionniste : personne qui aime exhiber son sexe et trouve son plaisir dans le trouble suscité chez l'autre.

F

Fantasme (sexuel) : scénario imaginaire qui provoque une stimulation érotique. Généralement, il n'est pas suivi d'une mise en acte.

Fellation : caresse du pénis avec la bouche.

Fétichiste : personne qui a besoin d'un objet fétiche ou d'une particularité pour être excitée au cours de l'acte sexuel (chaussure, sous-vêtement, femme à gros seins...).

Fidélité : conduite qui consiste à n'avoir aucune aventure en dehors du couple par attachement, par conviction religieuse ou... par souci de s'épargner des scènes de ménage !

Flaccidité : état normal du pénis au repos (mou, sans érection).

Frein : zone située sous le gland, reliant le prépuce à la verge par un petit filet de « peau ». Lorsque le frein est trop court, le décalottage est douloureux, et le pénis peut, éventuellement, être courbé vers le bas.

Frigidité : absence de plaisir ou de désir, ou les deux en même temps. Ce terme souvent utilisé pour les femmes peut également s'appliquer aux hommes puisque la frigidité masculine existe. Cet état transitoire peut évoluer au fil du temps avec des changements dans sa vie de couple ou avec une thérapie.

Frustration : gêne ou sentiment éprouvé à la suite d'un désir inassouvi.

G

G (point G) : zone pas plus grosse qu'une pièce de monnaie, située à l'entrée du vagin, dans sa partie supérieure (donc en haut et en avant lorsque la partenaire est couchée sur le dos). Ce point précis donne des sensations agréables, mais rarement des orgasmes, comme on l'a d'abord imaginé. Le déclencheur est le plus souvent le clitoris.

Gay : terme français au départ, utilisé dès le XVIe siècle pour désigner les homosexuels. C'est au XIXe siècle qu'il devient, aux États-Unis, le terme de ralliement de la communauté homo.

Génital (organe) : organe sexuel et reproducteur (petites et grandes lèvres, vagin et utérus chez la fille ; testicules et verge chez le garçon).

Gland : extrémité du pénis très sensible. C'est sa stimulation qui déclenche l'éjaculation.

Godemiché (diminutif « gode ») : instrument de plaisir qui imite la forme du pénis en érection. Les premiers remontent à l'Antiquité.

H

Hédonisme : philosophie prônée par les Grecs anciens, qui encourage la recherche du plaisir et de la volupté comme un but de l'existence.

Herpès : maladie due à un virus, le plus souvent localisé au niveau de la bouche, des zones génitale ou anale. Bouton très contagieux dès les premiers picotements.

Hétérosexualité : attirance sexuelle entre personnes de sexes opposés. L'homme et la femme sont anatomiquement et physiologiquement complémentaires. Tout est prévu par la nature dans le but de la procréation et de la perpétuation de l'espèce. Les couples hétérosexuels sont très majoritaires – et de ce fait considérés comme la norme.

Homosexualité : attirance entre personnes de même sexe. Elle implique des pratiques sexuelles spécifiques. Chez les femmes, la masturbation et les caresses peuvent mener à l'orgasme, la relation peut se compléter par la pénétration de doigts ou d'objets dans le vagin. Entre hommes, la pénétration se fera au niveau de l'anus. Elle n'est pas obligatoire et les jeux sexuels peuvent se limiter à la masturbation, la fellation et aux caresses. Depuis 1974, l'homosexualité n'est plus considérée comme une maladie mentale mais tout simplement comme le choix d'aimer autrement, d'user de son corps dans un registre différent, qui n'exclut ni l'amour, ni la tendresse, ni la fidélité.

Hormone : messager chimique sécrété par une glande, diffusé dans le sang et actif à distance sur des organes récepteurs cibles. Par exemple, la testostérone sécrétée par les glandes génitales mâles (testicules) est responsable en bout de chaîne de l'apparition des poils, du changement de la voix, etc.

Hymen : fine membrane souple qui barre l'entrée du vagin mais qui comporte un petit orifice par lequel passe le sang des règles. C'est dans cet orifice qu'un petit tampon, ou un petit spéculum dans le cadre d'un examen gynécologique, peut être introduit sans déchirer l'hymen.

Hypophyse : minuscule glande du cerveau qui sécrète ses propres hormones et en stimule d'autres, agissant directement sur les organes génitaux. Elle reçoit ses ordres de l'hypothalamus.

Hypothalamus : petite glande située à la base du cerveau qui contrôle hormonalement la vie sexuelle et les pulsions. Les émotions, les événements conscients ou inconscients interfèrent aussi sur elle.

I

Idylle : histoire d'amour, tendre et romantique, généralement chaste. Une histoire « idyllique » est idéale, merveilleuse, sans nuages...

Impuissance : trouble de l'érection presque toujours passager et provisoire chez l'adolescent.

Inceste : relation sexuelle entre un enfant et son père ou sa mère, ou entre frère et sœur. C'est un interdit fondamental dans la culture humaine. La loi punit sévèrement l'adulte qui a ce type de pratique avec l'enfant ou l'adolescent mineur considéré comme sa victime. À l'âge adulte, ce n'est plus réprimé !

Inconscient : pensées non conscientes ou refoulées par la personne car trop douloureuses ou gênantes. La psychanalyse permet de retrouver ces pensées et de comprendre les systèmes de fonctionnement et de défense de chacun.

Inhibition : terme psychologique qui veut dire blocage. On peut se sentir très inhibé face à une nouvelle partenaire ou un nouvel amour, même s'il nous plaît beaucoup.

J

Jardin secret : pensées intimes de chacun (sentiments, secrets, fantasmes, etc.). À cultiver ou à partager, sans *tout* révéler sous prétexte d'amour et de transparence.

Jouissance : satisfaction sexuelle très souvent associée à l'idée d'orgasme. Les filles ont besoin de plus de temps pour l'atteindre, donc ne pas oublier les caresses préliminaires.

K

Kama Sutra : célèbre traité de l'amour indien réunissant des textes sacrés et des illustrations, probablement écrit vers le milieu du IVe siècle. Les différentes positions de l'amour y sont détaillées.

L

Latex : matière avec laquelle sont fabriqués les préservatifs et... toute une panoplie d'objets fétichistes (culottes, vêtements spéciaux, objets...). Pour la petite histoire, le latex a connu son heure de gloire grâce à la vulcanisation (on ajoute du soufre au caoutchouc lors de sa cuisson), ce qui lui confère une solidité et une élasticité plus importantes. Cette découverte en 1839 va permettre à l'industriel MacIntosh de produire en série ce « vêtement à usage intime ».

Lesbienne : femme attirée sexuellement par les autres femmes. L'origine du mot vient de l'île grecque Lesbos en mer Égée, où vivaient des créatures homosexuelles.

Libido : s'emploie le plus souvent pour désigner le désir sexuel, mais peut tout aussi bien désigner la pulsion de vie en général.

Lubrifié : on parle de sexe lubrifié (vagin bien mouillé) ou de préservatif sur lequel on a déposé un film lubrifiant pour faciliter la pénétration. La lubrification du vagin est l'équivalent féminin de l'érection chez l'homme.

Luxure : recherche effrénée des plaisirs sexuels, donc tout l'inverse de la chasteté. Dans la religion catholique, la luxure est l'un des sept péchés capitaux, qui comptent aussi la paresse, l'envie, l'orgueil, la gourmandise, la colère, l'avarice. Exactement comme dans le film *Seven*.

M

Macho : attitude ou comportement qui met en avant la supériorité de l'homme du simple fait qu'il a un pénis. Les femmes préfèrent les hommes virils aux machos ; elles recherchent un égal complémentaire.

Majorité sexuelle : en France, elle est fixée à 15 ans. Un adulte (de plus de 18 ans) qui aurait des rapports avec un adolescent de moins de 15 ans serait donc passible d'une condamnation.

Masochiste : personne qui, pour éprouver du plaisir (sexuel ou pas), ressent le besoin de souffrir ou de se sentir humiliée.

Masturbation : stimulation des organes génitaux à l'aide de ses doigts, d'un objet ou d'une position particulière (jambes croisées...).

Mononucléose infectieuse : « maladie du baiser » transmise par la salive. Elle donne mal à la gorge, des ganglions le long du cou, une fièvre modérée et une forte fatigue.

MST : maladie sexuellement transmissible, par définition contagieuse. On préfère maintenant parler d'infection sexuellement transmissible, IST. Il est indispensable de la repérer, d'alerter son ou sa partenaire et de la traiter afin d'éviter des conséquences parfois sérieuses (stérilité, douleurs, etc.).

Mycose : maladie due à des champignons (souvent les *Candida*). Elle ne se transmet qu'exceptionnellement par des rapports sexuels. Elle n'est pas due à un manque d'hygiène.

N

Nymphomane : femme au désir sexuel inassouvi, même lorsque les rapports sont très nombreux. Comportement qui prête peut-être à sourire ou à rêver, mais la nymphomanie est une vraie souffrance, un peu comme si on était une droguée du sexe toujours en manque. L'équivalent existe chez le garçon qui multiplie les masturbations ou les partenaires tous les jours. On parle de personnes « addict au sexe ». On les rencontre dans tous les milieux, y compris politique – pas besoin de faire un dessin. Il existe des consultations à l'hôpital où l'on soigne ce genre d'addiction, comme pour les jeux vidéo, l'alcool ou la drogue.

O

Œdipe (complexe d') : terme défini pour la première fois par Freud. Ce complexe a pour objet l'attachement du fils pour sa mère et de la fille pour son père, surtout entre 3 et 6 ans. À l'adolescence, l'enfant vit ses premières aventures amoureuses et se détache progressivement du parent de sexe opposé.

Œstrogène (ou estrogène) : hormone sexuelle féminine sécrétée par l'ovaire et, en faible quantité, par les glandes surrénales, chez les filles et les garçons. Un excès entraîne chez l'homme un gonflement des seins, une diminution des poils, une silhouette féminisée.

Onanisme : terme synonyme de masturbation. Ce mot vient d'Onan, personnage biblique qui, de par la loi juive, a dû s'unir (à contrecœur) à sa belle-sœur veuve et sans enfants, pour assurer la continuité de sa lignée. Il répandait sa semence à l'extérieur pour ne pas lui faire d'enfants.

Orchite : inflammation des testicules, souvent à la suite d'une infection.

Orgasme : jouissance recherchée au cours de l'acte sexuel. Quelques secondes de bonheur à peine mais suffisamment exaltantes pour qu'on ait envie d'y retourner. Drogue douce et délicieuse, « symphonie du nouveau monde », chacun a ses mots pour décrire cet état de brève béatitude.

Orgie : fête sensuelle souvent assimilée à la « partouze » des Anciens, c'est-à-dire à une réunion où l'on fait l'amour en groupe de manière consentie. Rien à voir avec les tournantes ou les viols en réunion, où la victime subit les rapports, ce qui est condamné par de lourdes peines.

Ovule : cellule femelle libérée par l'ovaire et destinée à être fécondée par un spermatozoïde. À ne pas confondre avec les ovules gynécologiques, qui sont des médicaments qu'on introduit dans le vagin pour traiter localement un problème (une mycose, par exemple) ou pour obtenir un effet contraceptif.

P

Panne : chez le garçon, perte d'érection momentanée généralement due à la fatigue ou au stress. Chez la fille, sécheresse vaginale : elle ne mouille pas ou cesse de mouiller.

Pédéraste : homme pratiquant des jeux sexuels ou ayant des relations avec des garçons pubères.

Pédophile : homme pratiquant des jeux sexuels ou ayant des relations avec des enfants ou adolescents de moins de 15 ans.
Pénis : organe sexuel masculin. Le terme plus médical est verge. Phallus s'utilise plutôt lorsqu'il s'agit du symbole de la virilité masculine. Le nombre très impressionnant de termes familiers ou d'argot qui le désignent en dit long sur l'intérêt porté à ce joujou.
Phéromone : hormone odorante sécrétée par l'animal (et peut-être même par l'*Homo sapiens*) pour provoquer le désir et attirer son ou sa partenaire.
Phimosis : rétrécissement de l'orifice du prépuce qui gêne le décalottage. Nécessite parfois un petit acte chirurgical.
Pilule : moyen de contraception préféré des adolescentes pour éviter une grossesse. La pilule pour hommes est testée un peu partout dans le monde, mais elle est loin d'être au point.
Pollution nocturne : terme un peu démodé et péjoratif faisant allusion aux éjaculations spontanées lorsqu'on dort. C'est souvent ainsi que l'adolescent découvre qu'il est capable d'éjaculer.
Porno (films, DVD, mangas, etc.) : scènes ou images destinées à produire une excitation sexuelle. Mais attention, de plus en plus d'entre elles mettent en scène la violence sadomaso et l'humiliation de femmes avilies. On est alors bien loin de l'érotisme, du libertinage léger et de la passion.
Positions : la plus classique est celle du missionnaire : l'homme est allongé sur la femme et la pénètre. Un peu plus acrobatique, la levrette : la femme est allongée sur le ventre, fesses légèrement surélevées, son partenaire au-dessus d'elle la pénètre dans le vagin. La position choisie met en jeu l'imaginaire, le domaine affectif et symbolique, la pudeur. Certains préfèrent des attitudes plus ou moins dominantes, passives ou dévoilées...
Prépuce : peau qui recouvre le gland des hommes non circoncis.
Préservatif : actuellement le seul moyen de contraception masculin. Il existe depuis déjà 5 000 ans, puisqu'on sait que les Égyptiens utilisaient des vessies d'animaux pour se protéger des maladies vénériennes. Les Romains ont fait appel aussi au boyau de porc ou de bouc. Louis XIV l'utilisa, en soie ou en velours, maintenu par un ruban de couleur. Dans *La Philosophie dans le boudoir* (1795), le marquis de Sade évoquait « le petit sac de peau de Venise dans lequel la semence coule sans risquer d'atteindre son but ». Depuis peu, il existe un préservatif féminin en polyuréthane.
Priapisme : érection prolongée d'au moins trois heures. A priori, le rêve, sauf que là, la tension excessive de la verge fait souffrir, et les corps caverneux, responsables de l'érection, risquent d'être sérieusement endommagés. Exceptionnel chez les adolescents.
Puberté : phénomène biologique et physiologique qui marque le commencement de l'adolescence (apparition des seins chez les filles, des poils, etc.).

R

Rapport sexuel : souvent synonyme de pénétration. Mais des contacts très chauds et poussés sans pénétration peuvent être assimilés à de véritables rapports intimes : fellation, cunnilingus, caresses.

Relapse : relâchement des pratiques de prévention sexuelle. La peur suscitée par le sida diminue, les ventes de préservatifs stagnent, les backrooms se multiplient, le recours au dépistage baisse, le nombre des IST augmente. Toutes ces tendances laissent craindre un relâchement de la vigilance face au sida. Pourtant, la situation reste préoccupante : le nombre de personnes vivant avec le VIH s'accroît. Les effets secondaires et les résistances aux thérapies augmentent. Pour la première fois depuis 1998, le mode de contamination hétérosexuel est prédominant.

Retrait : méthode naturelle de contraception qui consiste à se retirer de sa partenaire juste avant l'éjaculation. Technique vieille comme Mathusalem, mais pas du tout recommandée.

S

Sadique : personne qui a besoin d'humilier, de faire mal, d'insulter, de punir, pour se sentir exister ou être excitée.

Safe sex : en français « sexualité sans risques ». Expression qui s'est répandue après l'apparition du sida dans les milieux homosexuels puis hétérosexuels. Consiste à limiter les rapports à des caresses sans pénétration et à des jeux de masturbation ; il s'agit d'une sexualité à distance.

Scrotum : synonyme de bourses, sacs qui enveloppent les testicules, les protègent et les maintiennent.

Séropositif : on est séropositif lorsqu'on a contracté le virus du sida mais qu'on ne souffre pas de la maladie. Même sans symptôme, on peut transmettre le VIH quand on est séropositif.

Sex-toys : gadgets en tout genre et appareils vibrants utilisés le plus souvent par les femmes pour provoquer des sensations agréables ou des orgasmes.

Sexualité : ensemble de comportements physiques, psychologiques et relationnels destinés, à terme, à assurer la perpétuation de l'espèce. Chez l'homme, sexualité, reproduction et amour sont indépendants. L'être humain est le seul mammifère évolué qui ait à la fois inventé l'érotisme et les fantasmes. Il est aussi le seul capable de maîtriser ses pulsions sexuelles et de tenir compte du désir de l'autre.

Sida : S comme syndrome (ensemble de symptômes), I comme immuno (l'organisme fabrique des substances pour lutter contre les virus et les bactéries ; ces substances constituent les défenses immunitaires), D comme déficience (l'organisme sans défense est la proie de toutes les infections), A comme acquise (la maladie s'attrape, elle n'est pas héréditaire).

Smegma : substance sécrétée entre le prépuce et le gland chez l'homme non circoncis pour faciliter le décalottage. Hygiène régulière indispensable afin d'éviter les risques d'adhérence.

Sodomie : pénétration par l'anus, chez l'homme ou la femme, qui, avec l'habitude, peut procurer du plaisir. Cette pratique nécessite une stimulation très progressive, de la délicatesse et l'utilisation de lubrifiants afin d'éviter des saignements et des douleurs. Préservatif indispensable avec un(e) partenaire non stable ou nouveau. Dans certains milieux, cette pratique n'est pas rare avant le mariage pour préserver sa virginité.

Soixante-neuf : fameuse position de l'amour où les deux partenaires sont tête-bêche (69) et se lèchent les organes sexuels.

Spermatozoïde : cellule reproductrice du garçon. Chaque jour, des millions de spermatozoïdes sont fabriqués. S'il n'y a pas d'éjaculation, ils s'autodétruisent au bout de quelques jours et sont remplacés par de fringants arrivants. L'homme peut fabriquer des spermatozoïdes toute sa vie et faire des enfants jusqu'à un âge avancé, contrairement à la femme, dont la production d'ovules s'arrête à la ménopause.

Spermicide : contraception locale contre les spermatozoïdes mise dans le vagin sous forme d'ovule, gel, éponge, etc. 5 % d'échecs.

T

Testicules : deux glandes génitales mâles chargées de produire les spermatozoïdes et de sécréter les hormones sexuelles.

Testostérone : principale hormone mâle sécrétée par les testicules, chez les garçons, et en faible quantité, par les glandes surrénales, chez les filles et les garçons. Sa déficience entraîne chez l'homme une perte des poils sur le corps, une diminution de la musculature, des difficultés sexuelles, etc. Chez la fille, c'est la libido qui chute avec moins d'énergie et de tonus.

U

Urètre : canal urinaire qui part de la vessie et aboutit à l'extérieur, au niveau du méat urinaire chez la fille et de l'orifice du pénis chez le garçon. Il conduit l'urine et le sperme venu du canal déférent chez le garçon.

V

Vénérienne : on parlait autrefois de maladies vénériennes, aujourd'hui, on préfère parler de MST ou d'IST.

Viagra : pionnier d'une famille de médicaments sexo-actifs qui permettent de retrouver une érection. Surnommé « pilule de l'amour ». Il existe aussi le Cialis et le Lévitra qui ont les mêmes propriétés.

VIH : virus de l'immunodéficience humaine responsable du sida.

Viol : selon la loi, il s'agit d'une « pénétration sexuelle commise avec violence, sous la contrainte, par surprise ou par la menace ». C'est un crime jugé aux assises, passible de 15 ans de prison, voire plus, selon les circonstances. Le viol entre adolescents existe aussi et il peut être puni jusqu'à 10 ans après les faits.

Virilité : souvent assimilée à la puissance sexuelle masculine. Nécessite certains attributs physiques et comportementaux : poils (mais pas forcément), muscles proéminents, épaules carrées, prestance, assurance, courage, statut social, attitude protectrice à l'égard des femmes. Rien à voir avec le machisme.

Voyeuriste : personne qui est plus excitée à l'idée de voir les autres faire l'amour que d'agir elle-même. Elle est passive, souvent cachée.

Vulve : partie extérieure du sexe féminin comprenant les grandes lèvres, les petites lèvres et le clitoris.

X

X : lettre la plus *hot* du dictionnaire, symbole de la pornographie. Le classement X des films sous-entend une interdiction aux mineurs de moins de 18 ans. Ces films passent maintenant sur des chaînes généralement câblées et à des heures tardives ou circulent sur Internet.

Y

Y : le chromosome sexuel Y se trouve exclusivement chez le garçon, dont la formule génétique est symbolisée par XY ; les filles, elles, ont deux chromosomes sexuels X, leur formule est XX.

Z

Zizi : mot utilisé par les enfants comme par les adultes pour désigner pudiquement le pénis.

Zoophilie : déviation qui fait rechercher un contact sexuel avec un animal.

Zorro : version latino du prince charmant, remise au goût du jour par Antonio Banderas.

Zut ! J'ai oublié ma pilule !

Les questions que vous vous posez

Sur les transformations de la puberté

Sur les poils

Sur la transpiration

Sur le pénis

Sur les testicules

Sur l'érection

Sur le sperme

Sur les seins

Sur le sexe féminin

Sur les règles

▶ Côté garçon

Sur le préservatif

Sur l'homosexualité

Sur la vie en famille

Sur les infections sexuellement transmissibles

Table

Composition IGS-CP
Impression CPI Firmin-Didot en octobre 2018
Éditions Albin Michel
22, rue Huyghens, 75014 Paris
www.albin-michel.fr
ISBN : 978-2-226-24151-1
N° d'édition : 19923/04 – N° d'impression : 149896
Dépôt légal : mai 2012
Imprimé en France